Au cœur des Himalayas

Alexandra David-Néel

Au cœur des Himalayas

Le Népal

Petite Bibliothèque Payot/Voyageurs

Retrouvez l'ensemble des parutions
des Éditions Payot & Rivages sur

www.payot-rivages.fr

AVANT-PROPOS

Quelques automobiles cahotantes roulent aujourd'hui à travers des régions qu'hier encore l'on ne pouvait parcourir qu'en palanquin ou, majestueusement, à dos d'éléphant à moins d'être un négligeable piéton, et l'on peut être tenté de croire qu'à ce changement de moyens de locomotion, à ce « progrès » se manifestant par un tapage insolent de moteur et de cornet, correspond un changement analogue dans la mentalité des populations intéressées. On errerait grandement en entretenant de semblables illusions. En Orient, de nouvelles formes de véhicules, d'habitations, de vêtements ou l'affectation de nouvelles façons de vivre n'entament guère le fond solide, quasi immuable de la mentalité des indigènes, issue et nourrie d'influences millénaires.

Il en est ainsi partout en Asie, mais plus spécialement dans les pays reculés que leur situation géographique maintient dans l'isolement. Tel est le Népal, étroitement enserré dans les replis des chaînes himalayennes, entre le Tibet et l'Inde.

La contiguïté de sa frontière avec celle de ce dernier pays a créé, entre le Népal et lui, de nombreux et très anciens liens que la similitude de leur condition politique, sous la tutelle britannique (depuis 1816) a encore renforcé dans les Temps modernes.

L'instauration d'un gouvernement hindou autonome[1] et les multiples changements d'ordre social qui s'ensuivront ne peuvent manquer d'avoir des répercussions au Népal. Reste à voir de quelle nature seront celles-ci. Le Népal, « rempart de l'orthodoxie hindoue » comme il se plaît à se dénommer, se laissera-t-il entraîner dans le sillage de l'Inde en voie de « modernisation », ou bien réagira-t-il, au contraire, contre les tendances « progressistes » se manifestant à sa frontière ? L'avenir nous l'apprendra, mais, quoi qu'il en soit, il sera impossible de bien comprendre les événements qui se produiront si l'on ignore le terrain religieux et social d'où ils surgiront.

Un voyage au Népal, une prise de contact avec son histoire et avec sa population serviront d'utile initiation à ce sujet. Le présent livre a pour but d'en offrir l'occasion à ses lecteurs.

*

Dans les mots sanscrits les *u* doivent toujours être prononcés *ou*. Les *j*, prononcés *dj*. Il n'existe pas de son nasal tel que *in* qui doit être prononcé *ine*.

1. Celle-ci a mis fin à la tutelle britannique sur le Népal.

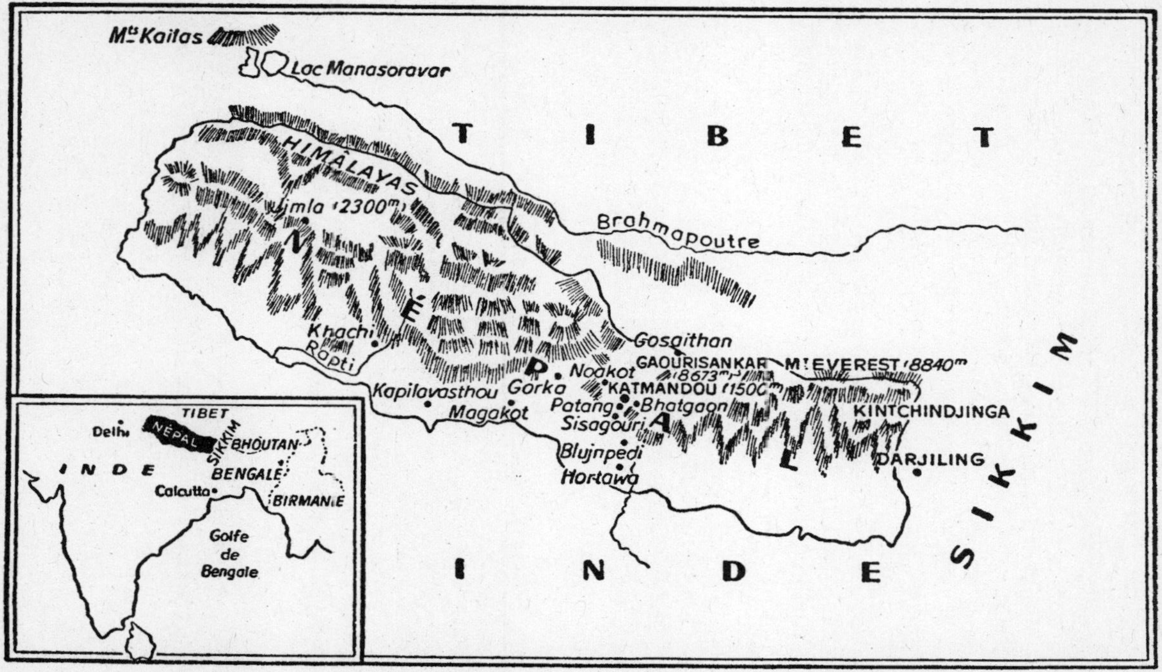

Mts Kaïlas
Lac Manasoravar
TIBET
HIMÂLAYAS
Jimla (2300m)
Brahmapoutre
NÉPAL
Khachi
Rapti
Gosaithan
GAOURISANKAR
(8673m)
Mt EVEREST (8840m)
Noakot
KATMANDOU (1500m)
Kapilavasthou
Gorka
Magakot
Patang
Bhatgaon
Sisagouri
KINTCHINDJINGA
Blujnpedi
Hortawa
DARJILING
SIKKIM
INDE
TIBET
Delhi
NÉPAL
SIKKIM
BHOUTAN
INDE
BENGALE
Calcutta
BIRMANIE
Golfe de Bengale

CHAPITRE PREMIER

Le train qui a rampé à une allure de tortue, à travers les plaines du nord de l'Inde, s'arrête sans heurt, comme une bête lasse, devant une petite gare. À travers un voile de poussière dorée par le soleil couchant l'on distingue, au-delà d'une barrière, un groupe de coolies et un rickshaw[1] vétuste.

Je suis attendue. J'aurais, certes, beaucoup mieux aimé arriver ici tout à fait incognito, mais le Népal, peu connu en Occident, est terre encore plus strictement interdite que le Tibet. L'accès m'en a été permis. Grâce en soit rendue aux dieux ! Et aux amis qui se sont employés à faciliter mon séjour je dois de la reconnaissance, quelles que soient les entraves à ma liberté qui, forcément, en un tel pays, accompagneront leurs bons offices.

Les coolies engagés pour le transport de mes bagages les chargent sur leurs épaules et leur chef m'escorte jusqu'au rickshaw. Il ne valait guère la peine de m'y asseoir car le bungalow où l'on me conduit est tout proche de la gare, mais le souci de ma dignité ne permettait sans doute pas que je fasse ce court trajet à pied. J'ai déjà été informée que je ne rencontrerai pas mes hôtes ; ils sont en voyage,

1. Le véhicule que les Français appellent « pousse-pousse ».

mais, par leur ordre, un dîner a été préparé pour moi. L'absence des maîtres n'a pas rendu la maison déserte, il y reste la plupart des nombreux domestiques dont s'encombrent, en Orient, tous ceux dont le rang social est à quelque degré que ce soit au-dessus du vulgaire.

Je n'ai amené avec moi qu'un seul serviteur : un *bearer*, comme disent les Anglais, qui désignent ainsi une sorte de valet de chambre, mais, par les soins de mes amis, un cuisinier et un *sweeper* ont été engagés pour m'accompagner. Le rôle du cuisinier est clair ; quant au sweeper (littéralement, en anglais, « balayeur »), c'est un être de caste vile, un « intouchable ». Il balaiera les chambres et les abords de ma maison — quand j'habiterai une maison — en dehors des périodes où je camperai. Il pourra rendre d'autres services, comme celui de couper du bois, mais sa besogne principale, celle pour laquelle il est spécialement engagé, consiste à... consiste... c'est un peu difficile à dire, à vider les vases de nuit, chaises percées et autres ustensiles dont je me servirai. Comme c'est là un travail qui entache un Hindou d'impureté, seuls les derniers des hors-caste, des « intouchables », peuvent s'y livrer.

Sauf dans de très grandes villes de l'Inde, les latrines pourvues d'eau courante et se déversant dans des égouts n'existent pas, et il est curieux de remarquer que, souvent, dans les endroits où ce système pourrait être établi, les Anglais préfèrent s'en tenir à la vieille coutume des chaises percées qu'ils appellent des « commodes ». J'invite mes aimables lecteurs à ne pas se moquer d'eux. Il y a une cinquantaine d'années ce même meuble s'appelait, en France, « garde-robe ».

Je m'excuse de cette digression dénuée d'intérêt et quelque peu malpropre, mais comme le sweeper reparaîtra dans mon récit, il est utile de fixer, dès maintenant, le lecteur sur la condition de ce très humble personnage.

Mon bearer est un garçon de bonne famille, orphelin que ses proches parents ont dépouillé de son héritage. Il est d'origine tibétaine, sait passablement l'anglais, le népalais et l'hindi et il me sert déjà depuis plusieurs années. Son nom est Passang.

Tandis que je dîne, Passang prépare mon lit de camp. Les lits ne manquent pas dans la maison où je me trouve, mais il me répugne d'utiliser un lit dans lequel d'autres ont couché. Je signalerai, en passant, et à titre d'information, que ma répugnance à cet égard a contribué à m'attirer le respect des Hindous de caste pure, mais j'indiquerai, en même temps, que peu à peu, ceux-ci deviennent de moins en moins stricts quant à leurs anciennes observances.

Le lendemain, après un bref déjeuner — deux œufs et deux bananes —, je pars à l'aube.

Un départ est toujours une promesse d'aventure et comme tel j'accueille celui-ci qui doit me conduire en un pays où je n'avais jamais projeté d'aller. Une fois de plus le destin malicieux s'était inopinément chargé de m'amener où il voulait.

Le véhicule qui m'est destiné est un lit. Ma foi, oui, un lit à la mode indienne, c'est-à-dire un châssis avec des pieds très bas, dont le fond est constitué par des sangles; sur celles-ci j'étends ma literie : une natte et des couvertures. Aux quatre coins de ce lit l'on a attaché des bambous qui soutiennent une toile formant toit et d'où pendent des rideaux. Le tout ressemble à une moustiquaire avec cette différence que le tissus dont elle est faite, au lieu d'être du tulle, est une cotonnade. Ce toit et ses rideaux serviront à m'abriter du soleil et me permettront de m'isoler pour dormir, si le sommeil me vient en cours de route. L'on m'a prévenue que l'étape sera longue.

Le bercement que les porteurs impriment à ma

couche est bien propre à disposer à la somnolence, mais, pour le moment, je suis « tout yeux ». Je tiens les rideaux écartés et je regarde le paysage et les rares passants.

La veille, en traversant le Gange à Digha Ghat, par un temps calme et un ciel pâle qui enveloppait les choses d'une clarté caressante, j'ai eu l'impression d'un soulagement heureux ; il me semblait que de lourds vêtements qui m'enserraient venaient de tomber, me permettant de respirer librement. Plusieurs mois de séjour à Calcutta et le genre de vie, si peu mondain qu'il ait été, auquel j'y ai été astreinte, m'ont fatiguée. Maintenant, la sauvagesse-née que je suis exulte en pressentant la jungle proche.

La jungle, nous n'y sommes point encore. Nous suivons une longue route en plaine, bordée de champs cultivés, c'est la continuation du paysage monotone que j'ai traversé en chemin de fer les jours précédents. Pourtant, au nord s'aperçoivent, très lointaines, les cimes neigeuses des Himalayas, mes anciennes et vénérées amies : je les salue avec ferveur.

Voyager sur un lit élevé d'à peine quarante centimètres au-dessus du sol n'est pas un plaisir sans mélange. La toile servant de toit à mon véhicule est posée trop bas pour me permettre de me tenir assise ; bon gré, mal gré, je dois demeurer couchée tandis que les pieds de mes porteurs, cheminant au petit trot, soulèvent des nuages de poussière qui s'abattent sur moi.

Pour tenter de me protéger je me suis enroulée dans la très longue écharpe de mousseline safran orangé que comporte mon costume religieux[1] que j'ai repris pour ce voyage.

Entortillée de la sorte je me fais l'effet d'un de ces

1. Le vêtement des ascètes de l'Inde — *sannyâsins* ou *sadhous*. Il n'a aucune forme spéciale et se distingue seulement par sa couleur orange ou saumon.

cadavres que les Hindous transportent vers le champ de crémation. À mon départ le jardinier du bungalow où j'ai passé la nuit m'a offert des fleurs et celles-ci, posées sur mon corps allongé, renforcent encore son apparence macabre.

Les Orientaux ne peuvent pas travailler en silence ; il leur faut rythmer leurs efforts par un bruit quelconque. Mes porteurs chantonnent une sorte de litanie s'entrerépondant. Cela fait :

Hé ! é hé !
O ô
Aï hé
Houm houm
Gho o go
Hé é
Haï fa
Houm Houm !

Je ne garantis pas l'orthographe ; je ne reconnais même aucun mot hindi dans ce bourdonnement de syllabes, et ne leur trouve aucun sens, mais ayant interpellé Passang qui s'en vient derrière moi, porté dans une sorte de hamac, le garçon me répond que la litanie signifie à peu près : marchons ! avançons !

C'est là, sans doute, pure supposition de sa part, toutefois le sens est plausible.

Soit, mais le rythme et l'air ressemblent étrangement à la psalmodie des Arabes de Tunis emportant un mort…

De temps en temps, les porteurs exhalent leur lassitude par des sortes d'oraisons jaculatoires adressées à Râma, avatar du dieu Vishnou.

Râm ! Râm ! exclament-ils, ajoutant, parfois, au nom du héros divin, celui de son épouse :

Râm ! Râm ! Sîtâ Râm !

Décidément, des réminiscences funèbres voltigent

autour de mon lit-véhicule. C'est en criant Râm! Râm! que les Hindous escortent leurs coreligionnaires défunts vers le bûcher.

Je m'attends à entendre mes hommes vociférer : «Hari bole! Bole Hari» un autre appel à Vishnou-Hari qui retentit aussi aux funérailles.

Cependant les choses ne vont pas jusque-là et les porteurs reprennent leur moins inquiétant :

Hé - é - hé!
O - ô
Aï - Hé
Houm - houm.

Leur ronronnement et les oscillations qu'ils impriment à ma couche finissent pas produire leur effet : je m'endors.

Quand je me réveille, nous avons atteint la région des herbes géantes : des «herbes à tigre» comme on les nomme ici.

Cette région basse, marécageuse, qui s'étend au pied des Himalayas a mauvaise réputation, comme nid de malaria et repaire d'animaux dangereux. On y chasse non seulement le tigre mais le rhinocéros, l'éléphant et d'autre gros gibier.

Par mesure de précaution, avant notre départ, j'ai pris et fait prendre à Passang et aux deux domestiques, un comprimé de quinine. Quant aux tigres, il est très douteux que nous en apercevions. Ma caravane comprend vingt porteurs de bagages, plus huit hommes qui se relaient pour me porter et huit autres, encore, qui portent, en se relayant aussi, les hamacs de Passang et du cuisinier. Le sweeper chemine à pied, les coolies, qui appartiennent à des castes supérieures à la sienne, ne consentiraient pas à le porter. Nul fauve, à moins que la faim ne l'ait exaspéré, n'affronterait un groupe si nombreux. D'ailleurs, nous devons arriver avant la nuit, au bungalow où je coucherai. C'est du moins ce qu'indique le programme de mon voyage. Mais les programmes comptent pour peu en Orient ; j'en ai fait maintes fois l'expérience.

Sortant des hautes herbes nous nous engageons dans une rivière dont le lit, desséché en cette saison, sert de route. Nos porteurs cheminent lentement parmi les gros galets et les blocs de rochers que les eaux torrentielles à l'époque des pluies ont entraînés sur leur parcours. Ils titubent à tous moments, près de tomber et de me faire glisser hors de mon lit dangereusement secoué. Pareille aventure advint à une mahârani de ma connaissance, alors que sa chaise côtoyait un précipice. Des buissons arrêtèrent heureusement la pauvre femme dans sa chute le long d'une pente raide. Elle en fut quitte pour des contusions et quelques déchirures dans sa belle robe de soie. Quant à moi, je ne risque pas de choir de haut, mais un contact brutal avec les galets pourrait me causer plus de mal que la noble dame n'en souffrit.

Quittant le lit de la rivière nous pénétrons dans une région montagneuse et nous nous enfonçons dans une gorge parmi une forêt très dense. La nuit est venue presque soudainement après un bref crépuscule. Nuit splendide que la lune presque pleine éclaire généreusement. D'un fouillis impénétrable de halliers et de hautes herbes émergent des arbres martyrisés par l'enlacement de lianes géantes. Baignant dans une lumière d'un bleu argenté ce paysage exubérant prend un aspect fantastique.

Mes pauvres porteurs se soucient peu du décor de féerie qui les entoure. Ils ont trotté depuis le lever du jour, n'ayant fait que de courtes haltes pour manger ou pour boire. Ils sont exténués. Chaque faux pas qu'ils font leur arrache un gémissement. Chez les hommes de nos pays ce serait un juron, mais eux se sont bornés jusqu'à la fin du jour à éjaculer des

Râm ! Râm ! qui, de plus en plus, ressemblaient à des cris de détresse.

Il s'en faut encore de beaucoup que nous approchions du bungalow où, d'après mon programme, se terminera la première étape de mon voyage. D'ici là, c'est la forêt, la forêt aux tigres et il fait nuit…

Les coolies ont allumé, en guise de torches, des branches de bois résineux et poussent des hurlements stridents. Feu et cris sont destinés à effrayer les fauves. Comme beaucoup de croyants, ces primitifs ne comptent pas absolument sur la protection de leur dieu et, inconsciemment, ils sentent le besoin d'y ajouter du leur. Râm ! Râm ! c'est bon sans doute, mais Râm peut être loin et le tigre tout près.

En prenant ces précautions les coolies se conforment machinalement aux habitudes courantes, mais je sais qu'ils n'éprouvent guère de crainte. D'après la croyance populaire, les bêtes féroces n'attaquent jamais les sannyâsins. Je ne sais ce que, dans leur for intérieur, ces Hindous pensent de l'authenticité d'une sannyâsini étrangère mais je porte le costume safran rosé de ces ascètes et cela leur semble suffisant pour inspirer du respect au seigneur tigre et être protégés par ma présence. Passang m'a pleinement informée à ce sujet, ajoutant même certains détails, ne manquant pas d'humour, qu'il a recueillis tandis que, pendant une halte, il s'est entretenu avec les coolies.

« Nous ne craignons rien, lui ont-ils dit. Si un tigre se montrait sur notre route, nous prierions la dame *sadhou*[1] de passer devant nous pour lui parler. »

Charmant de s'entendre raconter cela en pleine nuit dans la forêt aux « herbes à tigre ».

1. Technicalement, il y a une différence entre *sadhou* et *sannyâsin* mais le commun des illettrés en est peu informé. À noter que la prononciation du mot *sannyâsin* ne comporte pas de son nasal. Il faut prononcer « sannyâsine ».

Ces étonnants bonshommes ne plaisantent pas. Ils agiraient certainement comme ils le disent. Des traditions millénaires et les histoires de prodiges dont ils ont été nourris, depuis leur enfance, commanderaient leur attitude.

Et moi ?… Moi, naturellement, je passerais devant et j'irais sinon « parler » au tigre, du moins le regarder. Serait-ce là une marque d'extraordinaire bravoure ? Pas du tout. Il n'y aurait, là, qu'un acte dicté par la raison. Le sang-froid est la meilleure sauvegarde en toutes occasions et, heureusement pour moi, les bonnes fées m'en ont abondamment douée. La débandade, la fuite éperdue des coolies, en livrerait au moins un au monstre et moi, moins agile qu'eux, je courrais tous risques d'être happée la première. Ce sont là considérations de poids. Et puis, j'ai trop longtemps vécu dans l'Inde pour être demeurée complètement indemne de l'influence de ses traditions et même de ses superstitions sous lesquelles se cachent, parfois, des idées si bellement prenantes. Plus que mes sages raisonnements ce seraient elles, sans doute, qui me conduiraient à répéter automatiquement le geste des sadhous allant, dans les vieux contes, « parler au tigre ».

La nuit est froide, je me suis enroulée dans une couverture et j'ai fermé les rideaux de mon palanquin-lit.

Une recrudescence de vociférations me fait sursauter ; mes porteurs se sont arrêtés, me posant à terre. Sommes-nous arrivés à destination ?… J'écarte les rideaux et regarde…

Tout proche du sentier, dans la forêt, j'entrevois un palais en ruine avec des murs d'un rouge sombre, de hauts portiques et des fenêtres béantes. La vision dure peu de temps. En vérité il n'y a, là, qu'une haute falaise rocheuse envahie par la végétation, à laquelle le clair de lune et des ombres projetées par le feuillage ont prêté un aspect romantique. Mais pourquoi les clameurs redoublées des coolies ? Pourquoi se sont-ils arrêtés ? Je n'ai pas le temps de m'en informer, nous repartons dans une gorge embroussaillée qui nous amène, de nouveau, dans le lit pierreux d'une rivière à sec.

La brève vision du palais émergeant de la jungle s'est imposée à ma pensée. Ces ruines imaginaires avaient un air impressionnant de majesté… et, aussi, de réalité. N'y a-t-il vraiment que des rochers ? Il faudra que je me renseigne. Peut-être quelques ruines existent-elles vraiment et l'illusion se borne-t-elle aux dimensions exagérées que la nuit et mon état de demi-somnolence leur ont attribuées.

Plus tard, nous gravissons une pente raide ; je suis portée les pieds en l'air, la tête en bas. Cette position inconfortable prend fin devant un petit bâtiment ; nous avons, enfin, atteint l'endroit où je dois passer la nuit, ou, plutôt, ce qui en reste car il est plus de minuit.

La lune cachée derrière une montagne laisse dans l'ombre les alentours de la maison et le site où elle se dresse n'a rien d'engageant, il conviendrait à merveille comme décor d'un repaire de brigands dans une opérette.

Mais, au fait, les « brigands » sont là. La maison est bondée de soldats népalais tous couchés à cette heure. Le bruit que font les coolies réveille les dormeurs qui viennent regarder ce qui se passe.

Dans une chambre, à l'étage, je trouve trois hommes, leur jolie literie me fait supposer qu'ils sont des officiers ou des sous-officiers. Poliment, ils débarrassent un coin de la pièce et, avec une aimable candeur, ils me demandent si j'aurai assez de place pour m'installer. J'insinue qu'il me serait agréable de rester seule dans la chambre. Ces garçons me trouvent peut-être exigeante mais ils ne se montrent aucunement fâchés et transportent leurs lits dans la grande pièce voisine déjà très encombrée.

Le gardien de la maison offre de me faire du thé, mais je ne veux rien que me coucher et dormir.

La chambre que l'on m'a donnée est propre, mais trop généreusement ventilée par cette nuit fraîche ; les portes ne se ferment pas, les fenêtres, dont plusieurs vitres manquent, sont béantes sur la jungle enténébrée. Des branches d'arbre agitées par le vent, raclent un mur, quelque part dans le voisinage, une troupe de chacals glapit et les soldats, mes voisins, ont commencé à ronfler de l'autre côté de la cloison. Je connais certains tartarins qui tiendraient mon voyage pour de la « grande aventure ». Je l'estime plus modestement.

Réveil à l'aube, très alerte. Répétition du menu de la veille pour déjeuner : deux œufs, deux bananes et en route.

Au lieu du lit sur lequel j'ai voyagé pendant la journée précédente on m'a fourni un véritable palanquin. C'est une grande boîte en bois pourvue de portes à glissières des deux côtés. Dans cette boîte l'on n'est pas obligé de demeurer couché ; la hauteur du toit est suffisante pour permettre de s'asseoir les jambes croisées à la mode orientale, ou les jambes étendues et le dos appuyé contre la paroi arrière du véhicule. Ce minimum de confort a sa contrepartie ; je ne puis voir le paysage que par les portes latérales de ma cage. C'est dommage car le pays que nous découvrons est vraiment très beau. Nous traversons ou nous entrevoyons de loin d'assez nombreux hameaux et quelques villages plus considérables dispersés parmi des bouquets d'arbres et des champs cultivés.

Il y a pas mal de mouvement sur la route. Les passants sont des paysans népalais ou des Indiens. Je croise deux sadhous de la secte des Bhairavis portant des tridents de fer et une calebasse comme récipient à eau. C'est là tout leur bagage. Ils ont d'énormes tignasses embroussaillées et leur visage est barbouillé de cendre. Ce sont deux robustes gaillards d'aspect peu commode ; ils marchent rapidement et ont tôt fait de me devancer.

Plus tard, j'entends murmurer derrière moi la formule jaculatoire commune parmi les Hindous :

Shiva ! Shiva !...

Machinalement je la complète continuant à haute voix :

Mahâ Déva (Grand dieu).

Le dévot de Shiva avance alors rapidement de quelques pas et vient me regarder par la porte de mon palanquin pour voir qui a parlé. C'est un Népalais qui peut avoir une trentaine d'années, il est proprement habillé, à la mode des gentlemen du pays, d'un pantalon de façon européenne sur lequel est passée une chemise rose dont les pans flottent *sur* le pantalon. Par-dessus la chemise il a mis, à cause de la fraîcheur, un gilet de soie de couleur mordorée. Il porte un parapluie et un petit sac de voyage.

Il me considère un instant, l'air étonné, puis me demande en anglais :

— Pourquoi avez-vous dit « Mahâ Déva » ?

— Vous avez invoqué Shiva et j'ai complété l'invocation comme le font souvent mes amis hindous, en lui donnant son titre de « Grand dieu ». Shiva n'est-il pas le Grand dieu ?

— Il l'est ; il demeure dans notre pays, il est son protecteur... Mais vous ne pouvez rien savoir de cela.

Cela est dit avec un ton de suffisance impertinente qui me porte à répliquer :

— Il paraît que je le sais… D'ailleurs, vous vous trompez, Shiva peut être votre protecteur, mais il n'habite pas le Népal. Sa demeure est sur le mont Kailas et Kailas est au Tibet, non pas au Népal.

Je m'amuse à me moquer de ce sot gonflé de son importance et je continue :

— Que cela ne vous chagrine pas. Shiva est partout. Tenez, il est dans cet arbre, là, devant vous… Il *est* cet arbre, mais vous n'êtes pas capable de le voir.

J'imagine que je l'ai vexé. Il parle correctement l'anglais. Ce doit être un commis, employé dans quelque administration, dans l'Inde, ou bien un commerçant et il va voir sa famille restée au Népal.

Il demeure silencieux pendant quelques instants, marchant à côté de mon palanquin.

— Il y a des sadhous qui disent cela, reprend-il.

Puis, comme il avance la tête pour mieux me voir, il remarque la couleur de ma robe en partie cachée par une couverture que j'ai étendue sur moi.

— Pourquoi êtes-vous habillée comme nos sadhous ? me demande-t-il presque en colère.

— Je suis une *sadhoui* bouddhiste.

— Mais vous êtes une étrangère… On vous a permis d'entrer au Népal ?…

— Oui.

Son visage se rembrunit davantage.

— C'est incroyable ! On ne devrait pas laisser les barbares pénétrer dans notre pays.

Bien que la langue anglaise lui soit familière, cet impudent bonhomme n'a pas dit *foreigner*, le terme anglais signifiant « étranger » il a employé le terme indien *mléchha* qui désigne un barbare, ajoutant à la désignation une nuance de mépris. Le mléchha est non seulement un non-civilisé, mais un être vil.

Voilà un premier échantillon peu agréable des indigènes du pays. Je débute bien.

— Ne savez-vous pas que, pour nous, c'est vous et

vos pareils qui êtes de méprisables barbares. Vous avez des coutumes sauvages et vous êtes malpropres.

Ma réplique laisse le vilain individu interloqué pendant quelques instants. Il continue pourtant à marcher à côté de mon palanquin. Puis tout à coup :

— Qu'allez-vous faire au Népal ? demande-t-il.

J'ai bien envie de lui répondre que cela ne le regarde pas, et de clore ce dialogue, mais, après tout, ce type déplaisant d'indigène est curieux à étudier. Je lui réponds donc :

— Je vais voir des Népalais distingués et savants qui ne sont pas des mléchhas et je vais causer avec eux.

— Causer de quoi ?

— De choses que vous ne connaissez pas et que vous ne pourriez pas comprendre.

— Quoi !... Je suis un B.A. ! proteste-t-il avec indignation.

B. A., *bachelor ès Arts* équivaut à peu près à notre baccalauréat.

La suffisance du quidam est grotesque.

— Vous êtes B.A., dis-je. Eh ! qu'aviez-vous besoin d'apprendre la science de ces méprisables barbares anglais ? Certains de vos *pandits* auraient pu vous enseigner des choses bien plus intéressantes. Ils m'en ont appris à moi... Sur ce, adieu.

Le bavard commence une autre phrase, mais je tourne la tête de l'autre côté, sans plus prêter attention à lui et il poursuit sa route, me devançant.

Les xénophobes de ce genre sont légion en Asie. Les uns, gens de bas étage, étalent niaisement leur haine, les autres, d'une éducation supérieure, savent la dissimuler : ce sont les plus dangereux et l'on peut remarquer que les plus foncièrement hostiles, parmi eux, sont souvent des hommes ayant fait leurs études à l'étranger ou ayant étudié dans les institutions d'inspiration moderne étrangère existant dans leur pays.

J'ai vécu trop longtemps en Orient pour ignorer que les étrangers — sans exception de nationalité — se sont souvent conduits d'une façon bien propre à s'attirer l'aversion des peuples chez qui ils se sont introduits par la force ; néanmoins, il existe, en Orient, une espèce de xénophobie innée qui ne se base sur aucun grief. De ce genre était celle du Népalais qui venait de me parler.

Le sentiment que l'étranger éveille chez ces xénophobes n'est pas précisément de la haine mais, plutôt, une hostilité instinctive ; celle qui existe entre des animaux d'espèces différentes et dont le chien et le chat sont des exemples courants[1].

L'on peut se demander si l'idée, nourrie par de nombreux Asiatiques, que l'étranger est un intrus indésirable dont la présence est néfaste, peut expliquer leur hostilité, à défaut d'aucun grief patent, ou bien si c'est, au contraire, cette hostilité instinctive que l'indigène tente de s'expliquer par la croyance en l'influence maléfique de l'étranger.

Tandis que je rumine ces idées nous arrivons à un village appelé Bhimpédi[2] où nous faisons halte. L'on m'y apprend que je dois quitter mon palanquin pour être portée dans une chaise de montagne, car le palanquin est trop lourd et trop volumineux pour pouvoir passer dans les chemins que nous allons suivre.

À ce sujet, Passang qui, en cours de route, a

1. Qu'il existe des chiens vivant amicalement avec des chats n'infirme pas la règle quasi générale. Ces relations amicales proviennent de circonstances exceptionnelles.

2. Tandis que je séjournais au Népal on travaillait à rendre carrossable, sur toute sa longueur, la route s'étendant de la voie ferrée à Bhimpédi. Actuellement, elle est praticable aux véhicules automobiles pendant la saison sèche.

bavardé avec des gens du pays, me communique les renseignements qu'il a recueillis.

— Nous allons, me dit-il, prendre la route que l'on fait suivre aux voyageurs étrangers. Non seulement aux Occidentaux, mais à quiconque n'est pas népalais. C'est une route difficile ; il faut franchir deux cols et les montées et les descentes sont chaque fois extrêmement raides. Les voyageurs voient, ainsi, combien l'accès du Népal est fortement défendu. Cela leur ôte toute idée de songer à l'envahir. Mais il existe un autre passage entre les montagnes. Au lieu de traverser les deux hauts cols, on peut suivre des sentiers qui les contournent, en serpentant dans les vallées. Les paysans de la région parcourent ces chemins à pied. Il leur est défendu, sous peine de mort, de guider aucun étranger de ce côté.

C'est là un point à investiguer plus tard.

La chaise qui m'attend est semblable à toutes celles en usage dans les Himalayas. On les dénomme *dandi*. Le dandi est un petit fauteuil placé dans une légère armature de bambou recouverte de toile cirée. L'ensemble a vaguement l'air d'une baignoire dans laquelle on aurait mis un siège. À l'arrière et à l'avant de ce véhicule est attaché un long bâton monté sur un pivot ; ce dernier permet de franchir aisément les tournants brusques dans les sentiers de montagne. Chaque bâton repose sur les épaules de deux hommes ou, plus modestement, d'un seul, en plaine. Quant au voyageur, il chemine en dominant la tête de ses porteurs, position éminemment favorable pour voir le pays qu'il traverse.

Nous gravissons, maintenant, une montagne escarpée pour atteindre le col de Sissagouri. Quelques lacets atténuent, de-ci, de-là, la raideur du sentier, mais une bonne partie du parcours consiste en de rudes escalades. Un petit fort a été construit près du col. À quelques pas de lui, le chemin bordant le vide, d'un côté et, de l'autre, frôlant le flanc rocheux de la montagne, ne permet le passage des voyageurs qu'un à un. Une guérite placée à cet endroit abrite une sentinelle de garde, le fusil à la main. Son rôle est de barrer le passage à tout individu jugé suspect.

La puérilité du fortin et de la sentinelle dans sa logette porte à sourire, mais les indigènes du genre de celui avec qui j'ai lié conversation dans la matinée doivent être énormément fiers de ces ouvrages de défense assurant l'inviolabilité de leur territoire.

Du sommet du col, la vue s'étend sur un majestueux paysage de chaînes de montagnes enchevêtrées, puis la descente commence immédiatement, moins longue et beaucoup moins rapide que la montée.

La région que l'on traverse ensuite est riante, mais n'offre rien de particulier. Nous croisons nombre de gens, beaucoup d'entre eux transportant des fardeaux sur leur dos.

Je vois arriver devant moi trois femmes portées dans des dandis pareils au mien. On ne distingue guère que leur tête émergeant d'un amas d'étoffe bouffante. Elles mettent pied à terre et je puis les examiner rapidement. Leur costume dénote la richesse. Elles portent des robes de satin : bleue pour l'une, rose pour l'autre et vert pâle pour la troisième. Leurs jupes peuvent avoir de dix à quinze mètres de tour, ou même davantage. Il est difficile d'évaluer le métrage de l'étoffe pliée et repliée qui forme, sur leur ventre, un énorme et disgracieux ballon. C'est là une mode ancienne qui tend à disparaître rapidement. Un châle est négligemment drapé sur leur corsage de brocard citron lamé d'or.

Une profusion de bijoux complète leur toilette : plusieurs colliers, des bracelets couvrant tout l'avant-bras, d'énormes boucles d'oreilles, un anneau pendant du nez et des pierres précieuses insérées dans les narines. L'une des femmes est déjà âgée et aucune d'elles n'est jolie. L'absence de domestiques les escortant me fait douter qu'elles appartiennent à la haute société, ou même qu'elles soient simplement les femmes de riches marchands. Les unes et les autres se feraient accompagner par des servantes. J'incline à penser que ces trois élégantes pourraient bien être des courtisanes bien achalandées comme il en existe un bon nombre dans l'Inde et, sans doute, aussi, au Népal.

Près de l'endroit où les femmes sont sorties de leur dandi se trouve un temple ou, plutôt, trois temples rapprochés construits sur une même ligne. Leur forme est particulière, ils ressemblent à trois grosses cloches posées sur des socles. À quelle divinité sont-ils consacrés, je n'en saurai rien car je ne me hasarderai pas à y entrer. Les Népalais sont encore plus fanatiques que les Hindous en ce qui concerne l'accès de leurs temples et ma conversation avec l'individu que j'ai rencontré en cours de route m'a fourni un échantillon de leurs sentiments envers les étrangers.

Les trois ballots rutilants que sont les trois voyageuses s'engouffrent dans la porte étroite ménagée dans le socle de l'un des temples-cloches. Quelle que soit leur condition sociale, la caste à laquelle elles appartiennent leur permet, évidemment, d'y entrer.

Même si l'idée, offensante à notre point de vue, qui m'est venue à leur sujet est justifiée, les dieux hindous ne voient rien de particulièrement répréhensible à leur conduite. D'après leur code, la femme mariée est tenue à une stricte fidélité envers son mari, celle qui ne l'est pas est libre et les relations sexuelles, en elles-mêmes, ne constituent pas un péché. Sans doute, la femme mariée, attachée à ses devoirs, jouit d'un respect spécial dont la vendeuse de volupté est privée, mais si la prostituée vulgaire est franchement méprisée, il est loin d'en être de même de certaines courtisanes artistes : musiciennes, chanteuses ou danseuses de talent, riches de par les largesses d'amants choisis et qui vivent avec décorum. Jadis, dans l'Inde, comme en Grèce, certaines de ces dernières étaient lettrées, les intellectuels fréquentaient leurs maisons et même des femmes de haut rang n'hésitaient pas à les recevoir chez elles. Telle fut Ambapali qui devint disciple du Bouddha à l'issue d'une conversation dans laquelle elle fit preuve devant lui de son intelligence et de ses connaissances philosophiques. Ces Aspasie asiatiques paraissent être devenues rares de nos jours. La pénétration des idées et des mœurs occidentales dans la société hindoue en est la cause ou, tout au moins, l'une des causes, m'a-t-on dit. Cela est possible.

Quoi qu'il en soit : courtisane élégante et bien rentée ou moins chanceuse, humble prostituée, une Hindoue n'attire point sur elle le courroux des dieux et peut, dans les limites que sa caste familiale lui impose, s'approcher en toute confiance de leurs autels.

Plus loin je rencontre deux bébés en voyage : deux garçons qui paraissent avoir à peine trois ans. Ils ont pourtant été jugés déjà capables de se mettre en route seuls. Aucune femme ne les accompagne. Chacun d'eux est assis, les jambes croisées, dans une corbeille ronde suspendue à l'extrémité d'un long bambou dont le milieu repose sur l'épaule d'un homme. Cette manière de porter des colis est courante dans l'Inde et en Chine mais je ne l'avais jamais vu employer pour le transport des enfants.

Les deux garçonnets oscillant dans leurs nacelles, l'un devant son porteur, l'autre derrière lui, à la hauteur de ses mollets, ne paraissent nullement incommodés. Ils demeurent immobiles, sages et même graves, tournant seulement la tête de temps en temps pour inspecter les passants. Impassibles, sans un sourire marquant l'intérêt ou l'amusement, sans aucune expression de crainte, non plus, ils lèvent vers moi leurs petits yeux noirs de poupée vivante quand mon dandi les dépasse.

Nouvelle grimpade, celle-ci plus invraisemblablement raide qu'aucune des précédentes pour gagner le col de Chandragiri. Mes porteurs sont quatre et trois autres hommes marchent à côté de ma chaise, prêts à la soutenir si un faux pas, ou la chute d'un des porteurs, menaçait de la faire culbuter.

Les coolies, qui prennent un point d'appui derrière eux en enfonçant dans le sable noirâtre qui s'éboule sous leurs pieds les lourds bâtons dont ils sont pourvus, me rappellent les portefaix napolitains gravissant de la même manière le cône de lave poussiéreuse et croulante du Vésuve en portant jusqu'au bord du cratère des touristes assis dans des fauteuils.

J'ai effectué cette montée-là à pied et sans aide ; alors pourquoi suis-je, ici, inerte dans ce dandi ?... Toujours, comme partout, en Orient, parce que je contristerais les gens aimables, mais nourris de préjugés, qui m'attendent, si l'on me voyait peinant, à pied, le long de cette dure montée comme une méprisable pauvresse. « L'indignité » de ma conduite rejaillirait sur eux.

La vue qui apparaît après le passage du col est indescriptible. Toute la chaîne neigeuse des Himalayas se montre, formant un arrière-plan très lointain à la vallée centrale du Népal. Au Népal tout entier, peut-on dire car, en dehors de cette vallée, le reste du territoire népalais n'est guère que montagnes abruptes presque entièrement désertes.

Je suis descendue de mon dandi et je demeure immobile, interdite.

Le temps me favorise. Le soleil éblouissant prête

à la barrière cyclopéenne de glaciers l'aspect d'une vision surnaturelle. Les pics qui la hérissent évoquent l'idée d'une phalange d'individualités conscientes et animées de volonté, étroitement pressées pour fermer à l'Inde les routes du Nord mystérieux.

Et, de fait, c'est ainsi que les Népalais les imaginent. Pour eux, chacun de ces pics est un dieu particulier, tous ont leur histoire fabuleuse remontant à des âges où l'homme n'existait pas encore, un culte leur est rendu, ils sont censés intervenir dans les affaires des êtres qui naissent et meurent à leur pied ; leurs esprits invisibles, ou assumant des formes magiques, rôdent par les campagnes et s'insinuent dans les villages... D'aucuns les ont entrevus à l'aube ou dans les nuits claires...

Le ciel bleu sombre sur lequel les crêtes blanches tracent une ligne dure, impérieuse, annonce déjà l'Asie centrale : le Tibet et les immensités solitaires qui s'étendent, plus loin, jusqu'au pays où l'année ne compte « qu'un seul long jour, une seule longue nuit » que chantent les rhapsodes par-delà ces neiges énigmatiques que je regarde... qui me regardent...

Nous redescendons par un sentier de cauchemar, coupé dans une pente rocheuse, plus raide encore que celle que nous avons gravie à la montée. De-ci, de-là, des marches ont été taillées dans le roc mais partout ailleurs le voyageur doit cheminer en sautant de bloc en bloc.

De nombreux coolies lourdement chargés montent ou descendent cette extraordinaire « grand-route ». Des mules et des chevaux sans cavaliers, mais portant des fardeaux, parviennent à y conserver leur équilibre. Jamais, dans nos cirques, leurs congénères occidentaux n'ont accompli des exercices plus étonnants.

Enfin, l'on atteint la vallée. Près d'un bouquet

d'arbres je trouve une voiture envoyée au-devant de moi. Passang s'asseoit sur le siège à côté du cocher. Le cuisinier et le sweeper sont loin en arrière avec les coolies portant les bagages. Ils coucheront tous dans le village voisin et me rejoindront le lendemain.

La nuit est venue ; nous roulons pendant longtemps au clair de lune, puis nous nous arrêtons devant un petit bungalow situé dans un jardin. C'est là que je dois demeurer... mais je ne songe déjà qu'aux moyens de m'en échapper pour vagabonder à mon gré. Sera-ce facile ?... Hélas ! je crains bien que non.

CHAPITRE II

Il s'agit de m'installer. Pour combien de temps, je n'en sais rien. Il est sage de ne jamais faire de plans en Orient. Prévoir, projeter y est chose vaine et, d'ailleurs, l'Asie a cette grâce spéciale qu'elle vous apporte souvent d'elle-même, sans que vous la sollicitiez, beaucoup mieux que ce que vous aviez souhaité. J'allais en faire l'expérience dès mon arrivée à Katmandou.

Je déballais mes livres et les cahiers que je me proposais de remplir de notes, lorsqu'un visiteur se présenta à la porte vitrée de mon *sitting room*.

Sitting room, la « chambre où l'on s'assied », désigne, chez les Anglais, une pièce où l'on se tient habituellement et qui ne mérite pas le titre trop pompeux pour elle, de salon.

— Râm Singh, annonça le visiteur, se présentant lui-même. Je suis un ami de M. Moukerdji de Bénarès. Il m'a annoncé que vous alliez venir au Népal et m'a demandé de me tenir à votre disposition pour vous faire visiter le pays. J'ai guetté votre arrivée et l'on m'a informé que vous êtes ici depuis hier soir. D'ailleurs, voici ma lettre d'introduction.

La lettre était bien de l'écriture de Moukerdji, un de mes amis, et elle recommandait, en effet, à Râm Singh de me montrer tout ce qui, au Népal, pourrait être susceptible de m'intéresser, mais elle ajoutait : « Vous verrez vous-même en quoi il vous sera possible d'être utile à la Révérende Dame quant aux informations qu'elle désirera concernant la vie religieuse des Népalais. »

Il ressortait de cette lettre que Moukerdji considérait Râm Singh comme un homme instruit et je me promis de profiter de son aide.

Nous échangeâmes quelques propos de politesse et Singh ne manqua pas de me questionner au sujet de mon voyage : s'était-il bien passé ? N'avais-je pas été incommodée par le vent ou par la poussière ? Nul incident désagréable ne s'était-il produit ? etc.

Je l'assurai que mon voyage avait été agréable et que rien de particulier n'était survenu. Comme je disais cela, le souvenir des ruines que j'avais entrevues dans la nuit me revint et je pensai que Singh pourrait, sans doute, m'éclairer. Existait-il, à cet endroit, des vestiges de bâtiments ? ou bien n'avais-je contemplé qu'un assemblage de rocs et de branchages comme cela m'avait paru ensuite ?

Je décrivis donc à Singh la vision soudaine que j'avais eue dans la nuit.

Au lieu de me répondre simplement, comme je m'y attendais : « Oui, il existe quelques ruines à cet endroit », ou : « Non, il n'y a jamais eu, là, aucun édifice », Singh devint rigide, il écarquilla les yeux et questionna d'une voix mal assurée :

— Vous avez vu un château ?

— Non, pas un château, mais les ruines de ce qui pouvait avoir été, autrefois, un château.

— Vous n'avez pas quitté votre palanquin pour aller voir ces ruines de plus près ?...

— Non, j'étais fatiguée, à moitié endormie. Du reste les porteurs ont presque aussitôt soulevé le palanquin qu'ils avaient posé à terre pendant un moment et ils sont repartis. Auparavant, ils avaient fait un grand vacarme en criant. Je crois qu'ils craignaient les tigres…

— Peut-être. Mais ils avaient peut-être, eux aussi, vu quelque chose.

— Il y a donc quelque chose à voir ?

— Parfois, oui. Il est tout de même heureux pour vous que vous n'ayez pas essayé d'aller voir ces ruines de près.

— En pleine nuit ?… L'idée ne m'en serait pas venue. Mais si vous pensez qu'elles en valent la peine, j'y retournerai un de ces jours.

— Il n'y a pas de ruines.

— Comment ? Vous paraissiez dire qu'il y en a. Alors, ma seconde impression était la vraie. Je n'ai vu que des branches enchevêtrées parmi des rochers ?

— Non, vous avez probablement vu le château.

— Mais il n'y a pas de château, dites-vous.

Mon insistance à éclaircir la question semblait mettre Singh dans l'embarras. Visiblement il était mal à son aise.

— Je vais vous expliquer, me dit-il enfin.

Dans cette région de la jungle des gens voient parfois un château, mais ce château n'est pas un vrai château construit par des hommes et fait de pierres. Il est tissé par certains démons avec un fil qui sort d'eux-mêmes comme le fil des araignées sort des araignées. Et de même, aussi, que les araignées peuvent reprendre en elles le fil qu'elles ont émis, ces démons peuvent, aussi, faire rentrer en eux le château tissé avec les fils qu'ils ont produits. Le château est une toile d'araignée. Vous comprendrez pourquoi les démons tissent ce château ; c'est pour attraper des êtres vivants, surtout des hommes. Ils agissent comme l'araignée qui attrape les mouches. L'araignée suce le sang des mouches ; ces démons sucent le sang des hommes.

L'homme voit le château, il est curieux, il s'approche des murs pour regarder de plus près… La curiosité le pousse à pénétrer à l'intérieur… Il pose le pied sur la marche d'un escalier, franchit un portique, se trouve dans une chambre ou dans une cour… Alors, le château se rétrécit, les murs se replient autour de l'imprudent, ils l'enserrent ; le malheureux ne peut plus faire un mouvement… Le démon arrive, suce le sang de sa victime et retire en lui-même le fil dont l'édifice-piège était tissé. Rien ne reste visible, sauf un cadavre exsangue, desséché, gisant parmi les buissons. On en découvre parfois, mais rarement. Les fauves les dévorent et dispersent les ossements.

Je n'ignorais pas que les plus sinistres et absurdes espèces de magie fleurissent au Népal. C'est du Népal que plusieurs d'entre elles se sont introduites au Tibet. Je sais, d'autre part, que des contes macabres sont toujours attachés à ces magies maléfiques, soit que leurs rites aient donné naissance à ces contes, soit qu'au contraire, les contes aient conduit à la pratique des rites. Dans tous les cas, les démons-tisserands anthropophages ne manquaient pas de pittoresque alarmant.

J'imagine que les villageois et les bûcherons qui parcourent la jungle doivent être souvent saisis de terreur devant certains tas de pierres présentant vaguement l'aspect d'une construction. N'y aurait-il pas, là, un piège tissé par des démons carnassiers ? peuvent-ils se demander avec angoisse.

Singh est resté silencieux. Il n'est point un paysan vulgaire. Croirait-il, par hasard, à la fable du château-toile d'araignée ?

— Voilà bien une étrange invention, lui dis-je. Vous, bien entendu, vous ne croyez pas à de tels non-sens ?

Ma question fouette sa vanité. Il se redresse.

— Oh ! dit-il, j'ai fait mes études dans l'Inde. Je suis B.A.

Il est bachelier ! Encore un ! Décidément, ils abondent au Népal.

— Cette histoire de château-fantôme est ridicule, déclare-t-il.

Je soupçonne pourtant qu'il y croit.

— Le Népal, reprend-il, est une contrée grandement favorisée par les dieux. Des dieux l'ont formée entre les montagnes, construisant des vallées et obligeant les montagnes à laisser échapper l'eau qu'elles gardaient en elles, afin que des rivières arrosent les vallées... Et même, quant à ce château qui apparaît parfois, ce n'est pas un phénomène unique et particulier à la région où vous l'avez entrevu. D'autres apparitions se manifestent. Je ne suis pas superstitieux... je ne suis pas crédule... Ces phénomènes ont des causes rationnelles... tout à fait rationnelles...

Il se rengorge et appuie sur les termes « phénomènes » et « rationnel ». N'est-il point *bachelier* ? Je ne dois pas l'oublier.

Il continue :

— Il y a, dans le pays, quelques hommes qui possèdent des facultés spéciales et une intelligence très au-dessus de celle même des plus savants professeurs des universités. Ils vivent retirés, loin des villes et des villages, mais alors même qu'ils se trouvent au milieu d'une foule, ils peuvent s'envelopper d'un fluide invisible qui les en isole.

Puis, devenant tout à fait oriental, il exprime sa pensée par cette jolie image :

— Il en est d'eux comme d'une tortue dont la carapace serait faite d'une matière subtile, imperceptible à nos yeux grossiers. Et dans cette carapace ils se retirent tout entiers quand ils le veulent... Je suis assez heureux pour connaître deux d'entre eux qui veulent bien me témoigner de la bienveillance. Vous êtes venue de loin pour vous instruire au sujet de notre pays, plus merveilleux qu'aucun autre. Je demanderai à ces saints hommes la permission de vous conduire près d'eux.

Vous allez voir des villes, des monuments matériels ; n'importe quel touriste étranger à qui l'entrée du Népal serait permise pourrait voir cela. Mais il y a un autre Népal… un Népal qui date, non point de siècles, mais de milliers et de milliers de siècles et des vestiges de celui-là restent toujours perceptibles pour celui qui a aiguisé ses facultés de perception et a acquis de nouveaux sens.

Maintenant, je vous quitte ; je reviendrai. Au revoir.

Et voilà mon bonhomme parti.

Je ne suis pas fâchée d'avoir fait sa connaissance. S'il n'est pas un simple hâbleur, sa foi dans la réalité de l'histoire mythologique du Népal me fournira probablement l'occasion de recueillir quelques légendes intéressantes.

Cette histoire mythologique, je la connais en grande partie, mais il y a une différence considérable entre ce qu'on en lit dans les livres et l'aspect vivant et actuel qu'elle prend dans les récits des conteurs populaires.

Populaires, ai-je dit… Eh ! ce n'est pas seulement parmi les masses illettrées que les héros fantastiques des antiques légendes continuent à exister. Plus d'un bachelier, comme Râm Singh, sent leur présence et, à certains moments, a l'impression d'être frôlé par eux.

L'histoire chez les Asiatiques, notamment les Indiens, les Chinois et les peuples qui leur sont apparentés, ne débute pas il y a cinq mille ans comme le fait la légende juive qui a encore cours chez nous. Pour eux et plus particulièrement pour les Indiens, l'histoire de l'humanité embrasse des âges, dont la longueur, si nous tentons de l'évaluer selon nos mesures, se chiffre par des milliards de siècles. Puis, au-delà de cette Antiquité, des périodes encore infiniment plus longues se sont écoulées pendant lesquelles ni l'homme ni aucun animal n'existait. Est-ce à dire que seule de la matière inanimée constituait notre univers ? Lorsque je leur posais cette question mes amis — lettrés ou anachorètes contemplatifs du Tibet — me répondaient : « Rien n'est inanimé, mais les modes de vie sont innombrables. »

L'histoire du Népal est conçue d'après les idées courantes dans l'Inde concernant cette Antiquité insondable ; cependant, sans diminuer la longueur des diverses périodes dans lesquelles ils situent les faits qu'ils rapportent, les historiens népalais se bornent à énumérer un nombre relativement restreint d'événements d'ordre mythologique. Ces événements ont une teinte bouddhique. Toutefois, le bouddhisme qui a inspiré les auteurs de ces récits est un bouddhisme tardif dans lequel des croyances empruntées à l'hindouisme s'étaient déjà implantées sous le déguisement d'un vocabulaire plus ou moins bouddhiste.

Il existe plusieurs ouvrages tenant lieu de chroniques qui décrivent les origines du Népal. Nous y lisons ce qui suit :

Au sud de la chaîne neigeuse des Himalayas, Ishwara, le dieu qui procède du Bouddha primordial (l'Adi Bouddha connu au Népal sous le nom de Swayambou) créa une vallée et celle-ci fut appelée Nâg-Hrad, ce qui signifie : réservoir ou étang habité par une divinité serpent, un nâga.

Dans la période de notre univers dénommée Satya Youga un bouddha nommé Vipashyi[1] vint au Népal

1. D'après les bouddhistes, le Bouddha historique, Siddartha

et y demeura sur une montagne située à l'est de l'étang du Nâga. Un jour de pleine lune, il sema une graine de lotus dans l'étang. Ceci fait, Vipashi s'en retourna à la ville de Bandhumati d'où il était venu, mais il laissa quelques-uns de ses disciples sur la montagne où il avait habité.

De nos jours, une foire a lieu chaque année à cet endroit pour commémorer la visite de Vipashyi.

Beaucoup de temps s'étant écoulé, la graine de lotus germa, puis produisit une fleur et, dans le cœur de ce lotus, Swayambhou apparut sous la forme de lumière.

Swayambhou est le bouddha qui « s'est produit par lui-même » ou qui « existe par lui-même ». Il nous est dit : « Dans le vide primordial, le bouddha primitif, le Swayambhou, surgit par sa propre volonté sous la forme d'une flamme. » Il n'a point d'autre forme visible. Les maîtres des écoles ésotériques enseignent que Swayambhou-flamme est un symbole désignant l'énergie.

Alors, le bouddha Sikhî ayant eu connaissance de ce prodige se rendit sur la montagne dont le nom moderne est Champadévi. Il y contempla la lumière émergeant du lotus, s'absorba pendant longtemps dans la méditation puis, finalement, *s'unit à la flamme et fut incorporé en elle.*

De nouveau, des milliers de siècles s'écoulèrent ; un autre âge du monde avait commencé : le Trêtâ Youga, le bouddha Visvabhou vit, du haut d'une montagne, la flamme de Swayambhou. Il lui offrit mille fleurs en hommage.

Gautama, n'est pas le seul qui ait existé. Il a eu de nombreux prédécesseurs et aura des successeurs. Le bouddha Vipashyi se place sixième avant lui dans la lignée des prédécesseurs. Ainsi : Vipashyi, Sikhî, Visvabhou, Krakoucchanda, Kanakamouni, Kashyapa, Sakyamouni (Siddartha Gautama).

Ce bouddha paraît avoir eu l'étoffe d'un ingénieur. Du haut du mont Paulchôk (alt. environ 3 000 m) où il s'était arrêté, il inspecta du regard la rangée de montagnes qui encerclait le Nâg Hrad et désigna à ses disciples un endroit se prêtant *à l'ouverture d'une brèche qui permettrait de faire écouler les eaux.* Une autre version de cette légende dit que Vishvabhou fit trois fois le tour du lac en examinant les montagnes avant de désigner la place convenant au passage des eaux.

Les géologues inclinent à croire à l'existence réelle de ce lac auquel des mouvements sismiques auraient ouvert une issue.

Voici la légende relative à cet assèchement.

Très longtemps après la visite du bouddha Vishvabhou, Mandjoushri arriva au Népal. Il venait de Wou tai chan, la montagne aux Cinq Pics, située au nord de la Chine, et avait le teint jaune. Il campa pendant trois jours sur une colline appelée Mahamondag[1]. Du haut de la colline Mandjoushri vit la flamme de Swayambhou. Il perçut son aspect véritable de « Forme universelle et reconnut, en elle, l'*Être en soi* qui renferme tous les modes d'existence[2] ».

Pendant trois jours et trois nuits, Mandjoushri demeura absorbé dans sa méditation sur la flamme, puis il décida de créer un pays propre à être habité par des hommes, en asséchant le lac et transformant son étendue en une vaste vallée.

L'endroit qu'il choisit pour pratiquer une brèche entre les montagnes fut précisément celui que le bouddha Vishvabhou avait désigné. De chaque côté

1. Cette colline porte, aujourd'hui, le nom de Mandjoushri Than. Elle est située dans le voisinage de la vallée de Bhatgâon. Il y a là un monument dédié à Mandjoushri et les Népalais s'y rendent en pèlerinage.

2. C'est une vision analogue à celle qu'eut Arjouna, qui est décrite dans la Bhagavad Gîtâ, le célèbre poème mystique hindou.

de cet endroit il plaça une déesse, son amie[1]. Celles-ci se nommaient respectivement Barda et Mokchada. Ensuite, d'un seul coup de son sabre il fendit la montagne et l'eau s'engouffra par le passage qui lui était ouvert, formant une rivière qui descendit vers les plaines. Cette rivière est la Baghmatti.

De nouveau, Mandjoushri rendit hommage à Swayambhou, puis il planta des arbres dans la vallée que le retrait des eaux laissait libre et y établit ceux de ses disciples qui désiraient vivre en laïques, comme chefs de familles. Quant à ceux qui préféraient embrasser l'état religieux, il bâtit une habitation spéciale pour leur usage. Il donna aussi un roi aux occupants de ce territoire. Ce roi se nommait Dharmâkar. Il était, dit-on, venu de Chine avec Mandjoushri.

Le Népal était fondé. Mais ce n'est pas Mandjoushri qui lui donna ce nom. Népal, nous est-il dit, vient de Né, un grand sage qui gouverna le pays dans des temps très anciens.

Une fois de plus, au sujet de l'exploit légendaire de Mandjoushri je ne puis m'empêcher de remarquer combien l'imagination des hommes est limitée. Des prodiges identiques se répètent chez tous les peuples.

Dans le petit État himalayen, le Sikkim, qui confine au Népal, c'est au magicien Padmasambhâva que l'on attribue certaines coupures existant dans les montagnes. Il les a taillées d'un coup de sabre. En Chine, dans l'Inde, nous trouvons des contes identiques et, sans aller si loin, n'avons-nous pas, en France, dans les Pyrénées, la « brèche de Roland », taillée dans le roc par un formidable coup de Durandal, la fameuse épée du paladin Roland.

1. Amie ou disciple, non pas épouse. Exception dans le panthéon des déités et des héros tantriques, Mandjoushri est strictement célibataire.

Les Népalais ont tant goûté ce genre d'exploit qu'ils nous en ont donné une seconde édition.

Plusieurs siècles après l'assèchement du lac par Mandjoushri, alors que des villes existaient déjà dans la vallée, un démon s'avisa de bloquer le passage de l'eau. Résultat : le lac se remplit comme par le passé ; des déités-serpents y prirent leurs ébats et même Bhîmsen, un des héros du *Mahâbhâratha*, s'y rendit pour canoter dans un canot en pierre[1].

Toutes les montagnes entourant le lac furent submergées sauf celle sur laquelle résidait la flamme de Swayambhou et quelques autres qui étaient consacrées à Swayambhou. Beaucoup d'habitants périrent noyés. Il advint, alors, que le dieu Vishnou eut connaissance de ce qui se passait et il en éprouva du déplaisir. Il tua le démon et ouvrit une nouvelle brèche dans les montagnes. Le lac se vida encore une fois ; tout rentra dans l'ordre et Vishnou retourna dans sa demeure : le paradis Vaikuntha.

Nous sommes toujours en pleine mythologie. Pouvons-nous croire que, grâce à une obstruction momentanée de l'issue par où l'eau du lac s'écoulait, une inondation d'une importance considérable se soit produite dans la vallée et que le souvenir de celle-ci se soit transformé en légende ? Ce n'est pas impossible.

À cette époque, la flamme de Swayambhou n'était plus visible. Un rajah du pays nommé Prachaud Dêva, ayant abdiqué pour embrasser la vie religieuse, pensa que l'époque du Kali Youga approchait, époque pendant laquelle l'humanité tomberait dans l'ignorance et la dépravation. Nul ne pourrait plus alors

1. Dans *L'Île des pingouins*, Anatole France fait naviguer saint Maél dans une auge de pierre et cite des légendes concernant des saints voyageant dans des esquifs de granit. L'érudit auteur ne se doutait pas que ses héros avaient été de longtemps devancés par Bhîmsen et son canot de pierre.

comprendre et vénérer le Swayambhou manifesté par la flamme jaillie du cœur du lotus ; il la couvrit donc avec une pierre et bâtit un stûpa sur elle.

Nous n'avons que ce renseignement légendaire pour nous expliquer l'origine du stûpa que les indigènes honorent dans les environs de Katmandou. Les chroniques rapportent diverses réparations et embellissements faits à ce stûpa mais l'époque et les motifs de son érection restent inconnus.

Le Mandjoushri fondateur du Népal est-il un personnage entièrement mythologique ? Écartant les côtés fantastiques de son histoire, on peut lui supposer une certaine réalité.

Le nom de Mandjoushri est, d'ailleurs, attribué à plusieurs individus de caractères très différents.

Nous connaissons un Mandjoushri purement mythologique, bodhisattva bouddhique, personnification de la Connaissance transcendante, seigneur et protecteur des savants et des étudiants.

Un souvenir tout personnel me rattache à lui. Quand je commençai mes études tibétaines, dans un monastère lamaïste des Himalayas, mon professeur me fit apprendre une formule d'invocation à Mandjoushri. Formule d'invocation ne rend pas bien la nature des mots que je devais prononcer ; il s'agissait plutôt de syllabes dont la sonorité devait établir un courant de sympathie entre le protecteur des étudiants et moi. Le résultat espéré était un accroissement de mon intelligence et mes progrès rapides dans la langue tibétaine.

Chaque fois que mon professeur venait me donner sa leçon, je devais, tout d'abord, réciter la formule, les paumes des mains jointes dans l'attitude respectueuse de rigueur et il me recommandait de façon très pressante de la répéter également quand je m'apprêtais à étudier. Ce que, je l'avoue, j'omettais la plupart du temps.

Un autre Mandjoushri, mythologique, figure dans le cercle des disciples auditeurs de discours apocryphes du Bouddha dans des ouvrages appartenant aux Écritures de bouddhisme mahâyâniste.

Les Népalais attribuent à un Mandjoushri la fondation de Katmandou, la dernière-née de leurs plus grandes villes et la capitale actuelle du pays. Sa fondation est de date relativement récente : 724 de notre ère. Il n'est donc pas question que le fondateur de Katmandou puisse être le même que le Mandjoushri qui assécha le Nâg Hrad, le lac du dieu-serpent. En supposant même que, sous la légende, se cache un fait réel et qu'en effet, l'écoulement des eaux du lac ait été, au moins partiellement, effectué par le travail humain commandé par un chef de tribu, cet événement aurait eu lieu bien des siècles avant la fondation de Katmandou.

Il est encore question d'un Mandjoushri, moine, qui introduisit le bouddhisme au Népal ou tout au moins qui l'y prêcha.

La plupart des traditions s'accordent pour faire de Mandjoushri un Chinois. Le tout mythologique Mandjoushri, seigneur de la science et de la sagesse, est, lui-même, doté d'un teint jaune significatif.

Une de ces traditions, très répandue, fait de Mandjoushri un général chinois conquérant. L'attitude prêtée au héros après qu'il a fendu la montagne d'un coup de sabre cadre bien avec celle que pourrait avoir un conquérant. Il plante des arbres, établit les siens sur le territoire conquis, et leur donne un roi.

Les images représentent Mandjoushri chevauchant un lion ; d'une main il brandit un sabre, dans l'autre il tient un livre.

L'explication classique de ce symbolisme est que

le sabre de Mandjoushri, seigneur de la science et de la sagesse, écarte, en les tranchant, les nuages de l'ignorance qui couvrent la Connaissance. Le livre qu'il tient à la main est la Prajnâpâramitâ, le célèbre ouvrage philosophique, « la plus excellente Connaissance », attribué à Nâgârjuna.

On peut noter, en passant, que les Tibétains ont interprété différemment le terme Prajnâpâramitâ et en ont fait « l'au-delà de la Connaissance ». Quelle que soit sa valeur grammaticale, cette interprétation s'accorde avec les doctrines à la fois singulièrement mystiques et agnostiques classées comme appartenant à l'école philosophique de Nâgârjuna. Celle-ci dénonce la puérilité de toutes nos conceptions, toutes forcément entachées d'erreur parce qu'elles sont les produits de notre esprit dont le pouvoir d'investigation et de compréhension est limité à un champ très restreint.

Écartant les interprétations symboliques, certains soutiennent que le Mandjoushri qui alla au Népal fut bel et bien un chef conquérant — soit réellement venu de la Chine, soit appartenant à une tribu de race chinoise —, que le sabre qu'il brandit est celui d'un guerrier et que le livre qu'il porte signifie qu'il donna un code de lois aux populations qu'il avait soumises ou à celles qu'il avait établies sur le territoire conquis.

L'on pourrait peut-être trouver une explication à la multiplicité des Mandjoushri, tous personnalités marquantes mais très diverses, dans le fait que le nom de Mandjoushri a été fréquemment attribué à des hommes éminents. Mais au lieu de dire, comme nous pourrions le faire, par exemple : « C'est un Pic de la Mirandole », il sait tout ce qu'on peut savoir… et même davantage, les Orientaux croyant aux réincarnations disent : c'est « Mandjoushri réincarné[1] ».

1. Bien que ceci sorte de mon sujet, quelques éclaircissements

Thon mi Sambhota, le père de la littérature tibétaine, le roi Srong bstan Gampo, Tsong Khapa le réformateur tibétain et d'autres encore sont considérés comme des réincarnations de Mandjoushri.

« Il y a beaucoup de Mandjoushri de par le monde », m'a dit un bonze à Wou tai chan, la patrie et la résidence « officielle » de Mandjoushri. « La plupart d'entre eux ne manifestent leur identité par aucun signe extérieur. Mandjoushri est le Savoir et la Sagesse. Celui en qui sont le Savoir et la Sagesse *est* Mandjoushri. »

Je me suis déjà trop attardée sur ce Mandjoushri énigmatique qui appartient à tant de légendes différentes. Je ne l'ai fait que parce qu'il est le fondateur du Népal dans les chroniques indigènes.

Pendant des siècles, Mandjoushri a dû occuper la place d'honneur à la tête du panthéon des Népalais. Puis, les envahisseurs Gourkhas sont venus, amenant avec eux Shiva, le Grand dieu. Ils en ont fait le seigneur du pays, ils lui ont consacré le Népal. Mandjoushri est demeuré une personnalité éminente,

---

concernant les réincarnations peuvent être utiles. Les opinions les plus erronées à ce sujet ont cours en Occident. D'abord le bouddhisme authentique n'admet pas la réincarnation. Il ne pourrait pas le faire puisqu'il dénie l'existence d'un *ego* permanent dans l'individu. Ce que le bouddhisme enseigne c'est que l'énergie engendrée par l'activité d'un être quelconque continue à engendrer d'autres activités qui constituent sa « renaissance ». Les masses populaires, nominalement bouddhistes, n'ont jamais compris la doctrine de l'*anâtma*, la doctrine de la négation du *moi*. Elles ont continué à adhérer à la doctrine hindoue du *jîva*, principe spirituel qui, à la mort de l'individu, transmigre dans un autre corps : « comme l'homme change d'habit lorsque le sien est usé » (Bhagavad Gîta). Cependant, les Tibétains admettent que l'esprit conscient et agissant d'un homme peut, après la mort de celui-ci, animer plusieurs autres individus coexistant. C'est là une façon élémentaire de rejoindre les théories déclarant que ce qui subsiste d'un individu c'est un courant d'énergie, courant qui peut, naturellement, se diviser en plusieurs branches.

mais il ne domine plus, suprême, dans ce mélange chaotique de déités empruntées au bouddhisme dégénéré, à l'hindouisme, au tantrisme et au culte de la nature qui constitue la religion populaire des Népalais.

Ceux des lecteurs qui désireront en apprendre davantage sur Mandjoushri trouveront dans mon livre *Sous des nuées d'orage*[1] des détails que j'ai recueillis pendant mon séjour à Wou tai chan. Ils pourront, ainsi, faire connaissance avec un Mandjoushri d'inspiration toute taoïste et même avec un Mandjoushri libertin.

Qui sont les véritables indigènes du Népal ? Aujourd'hui il faut répondre : les Newars, mais il paraît douteux que les Newars soient des autochtones. Les chroniques nous informent que ceux-ci arrivèrent au Népal avec les troupes d'un râjah guerrier nommé Nânya dêva[2] vers 889 de notre ère.

À l'origine de l'histoire du Népal le pays est occupé par les Kirâtîs, mais ceux-ci non plus ne nous sont point présentés comme des aborigènes. Ils venaient de l'est, s'étaient dirigés vers l'ouest, s'y étaient établis pendant un certain temps puis, croyant que les territoires voisins n'avaient point de rois, ils s'y étaient répandus et en avaient assumé le gouvernement. Mais à côté de récits qui peuvent se rapporter à des événements réels nous trouvons une chronologie fantastique qui nous rejette dans le domaine de la fable.

Par exemple l'arrivée des Kirâtîs au Népal daterait d'il y a 819 000 ans. Il est certain qu'il ne s'agit pas

1. Pocket, 1993. *(N.d.É.)*

2. Dêva n'est pas un nom propre, c'est une adjonction respectueuse au nom d'un homme de condition supérieure. *Dêva* signifie *dieu.* Les femmes de même condition sociale ont le titre de *dêvi*, déesse, ajouté à leur nom.

d'années de la longueur des nôtres mais les Orientaux prennent plaisir à ces chiffres fantaisistes[1].

En dépit de ce que les chroniques nous racontent à leur égard, les Kirâtîs n'ont rien de mystérieux. Le nom Kirâtî est celui que les Indiens donnent aux indigènes qui, eux-mêmes, se dénomment : Möns ou parfois Lepchas.

Évidemment un *véritable* autochtone n'existe pas. L'homme préhistorique, lui-même, a émigré. Toutefois, en réduisant le terme autochtone à sa signification courante, nous avons des raisons de croire que ces Möns ou Lepchas, appelés Kirâtîs par les Indiens, sont des aborigènes des Himalayas et comme tels furent les plus anciens occupants du Népal. Nous les trouvons de nos jours dans les vallées basses du Sikkim et dans une région de l'extrême sud du Tibet confinant à la frontière du Bhoutan.

C'est une race douce, aimable, gaie, mais peu énergique. Les femmes, de petite taille, sont souvent très jolies, leurs formes menues les différencient fortement des robustes Tibétaines et les rapprochent des Chinoises. Les hommes sont vigoureux, ils s'adonnent volontiers à la chasse. Les conditions de la vie actuelle

1. Voici quelques exemples empruntés à une chronique népalaise. La description des âges du monde est donnée comme suit :

Le Satya Youga dura 1 728 000 années. Les hommes d'alors vivaient pendant 10 000 ans ; leur principe vital résidait dans la moelle épinière.

Le Trêta Youga dura 1 296 000 ans. La durée de la vie humaine était de 5 000 ans. Le principe vital résidait dans les os.

Le Dwâpar Youga dura 834 000 ans. Les hommes vivaient 1 000 ans. Leur principe vital résidait dans le sang, la chair et la peau.

Le Kali Youga (l'âge dans lequel nous sommes) durera 432 000 ans. Le principe vital réside dans la nourriture.

Malgré la fantaisie qui préside à cette évaluation de la durée des âges, on peut remarquer que la croyance en l'ancienneté considérable de la terre, qui l'inspire, se rapproche des données scientifiques modernes.

les ont obligés à se faire cultivateurs. Ils déploient peu de zèle dans cette profession et leurs voisins les Newars, durs travailleurs, encrochent pacifiquement de plus en plus sur les forêts des Lepchas du Sikkim pour s'y livrer à l'agriculture. Les Möns du Tibet, éloignés du Népal, résistent mieux autour de leur bourgade-capitale : Tawang.

Nous devons nous garder de nous représenter le Népal des siècles passés — celui qui existait avant notre ère et au début de celle-ci — sous son aspect moderne. Même de nos jours, les Népalais parlant du Népal n'entendent guère que la vallée centrale, la seule partie densément peuplée du territoire.

Les immigrations, les invasions mentionnées dans l'histoire du Népal se bornaient à des mouvements de tribus dans les limites restreintes d'une petite partie de la chaîne himalayenne.

Il n'y a guère à noter, comme méritant le nom de guerre, que l'invasion du sud du Tibet par les Népalais en 1790. Ils furent défaits par une armée composée de Tibétains et de Chinois et contraints d'accepter des conditions de paix comprenant l'obligation de payer, tous les cinq ans, un tribut à la Chine. Ce tribut cessa d'être payé après la chute de l'Empire chinois.

Une seconde invasion du Tibet donna la victoire aux Népalais. Les Tibétains durent signer, en 1856, un traité par lequel ils s'engageaient à verser annuellement dix mille roupies au Népal. De plus, le droit d'extraterritorialité devenait acquis aux Népalais résidant ou voyageant au Tibet. Les Népalais étaient également autorisés à établir des comptoirs à Lhassa et les marchandises népalaises étaient exemptes de droits de douane à l'entrée au Tibet.

On peut rappeler, ici, l'expédition anglaise qui, à la suite d'incidents de frontière, amena la défaite des Népalais et les obligea à accepter, en 1816, une sorte de protectorat britannique. L'indépendance de l'Inde y a mis un terme.

La conquête du pays par les Gorkalis[1] ne doit pas, non plus, être imaginée comme une épopée à grand spectacle.

Les Gorkalis sont certainement des étrangers parmi les populations de race jaune vivant dans les Himalayas, mais ils ne sont pas accourus de loin pour envahir la vallée népalaise ; ils étaient déjà établis non loin d'elle.

Les Gorkalis sont des Aryens, les descendants de Radjpoutes qui, dépossédés de leur territoire par les envahisseurs musulmans, ont fui vers les Himalayas.

Lors de leur arrivée à Gorka, la ville d'où ils tirent leur nom, celle-ci était occupée par une tribu de la race des Khas. Un chef des Gorkalis tua le roi de Gorka et prit sa place. Ses successeurs conquirent peu à peu le reste du pays.

L'histoire du Népal qui se déroule en majeure partie dans l'étroite cuvette de l'ancien lac desséché est une histoire sanglante où les atrocités abondent. Nous y trouvons de nombreux massacres, des sacrifices humains, l'incinération des veuves brûlées vives et même un drame semblable à celui dont l'Œdipe grec est le héros.

Voici l'histoire en quelques mots.

Virôupâksha avait douze ans lorsqu'un astrologue tira son horoscope. On y lisait qu'il commettrait un inceste avec sa mère. Saisi d'horreur à cette perspective, Virôupâksha quitta sa famille et devint un dévot pèlerin. Sa mère fit de même. Au cours de leurs voyages tous deux se rencontrèrent. Beaucoup d'années s'étaient écoulées ; ils ne se reconnurent pas et l'inceste fut commis. Cependant Virôupâksha

1. *Gorkali* est le nom qui leur est donné dans la région. Les étrangers occidentaux les appellent *Gourkha.*

découvrit la vérité. Il ne nous est pas dit que la mère de Virôupâksha se pendit, il est peu probable qu'elle le fît. Quant au fils, criminel inconscient, il rechercha les moyens de se purifier de sa faute. Shiva qu'il consulta lui conseilla de faire fondre un poids de cuivre égal à la charge de trois mules et de boire le liquide. Virôupâksha trouva la pénitence trop héroïque. Il demanda avis à un moine bouddhiste... Les péripéties de sa pénitence sont nombreuses, mais finalement il s'en tira de façon satisfaisante. Sur ces entrefaites il était devenu bouddhiste et observait la règle qui consiste à ne pas manger après le coucher du soleil. Or il advint que se trouvant à Pashoupati (un temple au Népal) et y prenant son repas, le soleil descendit à l'horizon. Comme Virôupâksha ne se souciait pas de s'interrompre, il saisit le soleil avec une de ses mains pour le retenir, tandis qu'il se hâtait d'achever les mets qu'il avait devant lui.

Fut-ce un effet de la colère ressentie par l'astre qu'il empêchait de se coucher, Virôupâksha mourut la main toujours agrippée au soleil.

L'histoire du Népal n'est pas dénuée d'incidents comiques, vrais ou faux, mais son ton général reste sombre.

Quelque chose de son passé sinistre demeure dans l'atmosphère du Népal. Le pays ne respire ni la sérénité dont sont pénétrées certaines autres régions himalayennes, ni la vivifiante robustesse que dégagent les âpres solitudes du Tibet. Il est sournoisement inquiétant.

CHAPITRE III

C'est en repassant dans mon esprit la mythologie confuse qui enveloppe le Népal que je me préparais à parcourir la vallée.

Swayambhou retenait particulièrement mon attention. N'est-elle pas fascinante cette flamme surgie au cœur d'un lotus, cette flamme qui est l'Être primordial, plus encore, l'Être en soi comme disent les ésotéristes népalais ?

À ce symbole de la flamme énergie, dont le jeu fait apparaître et disparaître les univers, il eût fallu, soit un simple tertre de terre, en guise d'autel, au sommet d'un pic touchant aux nues, ou bien un de ces temples gigantesques comme il en existe dans le sud de l'Inde. Je ne trouvai rien d'approchant au Népal.

Non loin de Katmandou, sur une colline dénommée Swayambhou nath, un stûpa a été érigé pour cacher la flamme de Swayambhou selon la légende que j'ai relatée dans les pages précédentes. Le stûpa, construction ressemblant à un tas de terre de forme arrondie, est le premier monument que bâtirent les bouddhistes lorsque la doctrine originelle du Bouddha commença à dégénérer et que ses adeptes retombèrent dans les superstitions courantes autour d'eux : culte des reliques, etc. Les premiers stûpas ou *çaityas* furent des monuments funéraires dans lesquels étaient déposées les cendres de personnages particulièrement vénérés pour leurs vertus ou pour d'autres qualités exceptionnelles.

Les cendres du Bouddha, partagées après sa crémation, furent emportées en plusieurs endroits de l'Inde et sur les coffrets qui les contenaient on érigea des stûpas. C'est ainsi qu'un de ces coffrets a été découvert au cours de fouilles par les services archéologiques britanniques.

Les bouddhistes s'élevèrent vivement, à cette époque, contre les investigations des archéologues à l'intérieur de certains stûpas. Ce sont pourtant leurs découvertes qui ont apporté la preuve de l'existence historique réelle de Siddhartha Gautama, le Bouddha, que certains considéraient comme un mythe. Ce résultat aurait dû réjouir les disciples du grand sage. Je ne doute pas que les plus intelligents d'entre eux ne l'aient fait, mais ils ne sont qu'une petite élite, tandis que les foules ignorantes qui s'intitulent bouddhistes se chiffrent par millions.

À Swayambhou nath, il ne s'agit pas d'un monument funéraire, puisque le stûpa est supposé renfermer la flamme vivante de Swayambhou. Il me faut plutôt dire : « devrait être supposé » mais je me suis promptement aperçue que Swayambhou est très oublié ou a perdu sa signification au lieu de son origine.

L'on accède à la plate-forme sur laquelle le stûpa est construit, par un escalier escaladant la colline parmi des bois. Tandis que je le gravissais, je croisai de nombreux pèlerins qui descendaient du temple, ayant achevé leurs dévotions ; d'autres, au contraire, y montaient, portant des offrandes : du riz, des fleurs, et marmottant des invocations.

Évidemment, j'étais venue pour voir les lieux, mais ce qui m'intéresse dans mes voyages, ce ne sont pas précisément les monuments, mais la mentalité de ceux que j'y rencontre. Quand je regarde un temple, les déités dont les statues y sont honorées, les scènes reproduites en sculpture ou en peinture sur ses murs, ce que je cherche à pénétrer ce sont les idées qui s'expriment par elles, c'est la mentalité des hommes qui ont construit et décoré l'édifice et qui y ont logé les dieux que j'y vois. Ce que j'aime à rechercher, aussi, ce sont les idées qui vivent dans le cerveau des fidèles contemporains se rendant au temple et les pensées que peuvent leur suggérer les rites qu'ils accomplissent.

Au sommet de l'escalier se trouve un énorme *vadjra* posé sur un piédestal dont la base sculptée représente des animaux. Le vadjra (en tibétain *dordji*) est un instrument rituel que le célébrant de certains rites tient en main et manœuvre de différentes manières, chacun de ses gestes ayant un sens symbolique. *Vadjra* signifie « diamant[1] » et, par analogie, a, en symbolisme, le sens d'indestructible ; il est cela qui détruit et qui n'est pas détruit. C'est, aussi, l'emblème de la puissance.

Le vadjra a été adopté dans l'Inde, en Chine, au Japon, au Tibet où des formes légèrement différentes lui ont été données. Celle usitée au Népal est la forme tibétaine, mais il est douteux que les Népalais l'aient empruntée au Tibet, le contraire est plus vraisemblable.

Une Newari s'arrête près du vadjra et pose quelques grains de riz sur le piédestal. Je m'étonne. Cet instrument rituel n'est pas un objet de culte.

Je me hasarde à interroger la femme.

— Je révère le Bouddha, répond-elle. Et elle s'en va en me jetant un regard tout à fait dénué de bienveillance.

1. *Vadjra* signifie aussi « tonnerre ».

Je m'avance près du stûpa.

Le monument, haut d'à peu près une dizaine de mètres, ne manque pas d'une majesté spéciale ; il a dû être beau avant que la malpropreté et la négligence des indigènes ne l'aient défiguré.

Il a la forme commune aux stûpas : une butte de terre et de briques, arrondie comme un dôme. Du sommet de ce dôme émerge une tour basse et carrée ; sur chacun de ses quatre côtés deux yeux sont peints : des yeux dont le regard ne fixe rien et qui voient tout : les yeux du Bouddha disent les fidèles ordinaires, les yeux qui perçoivent des réalités qui échappent à notre vision habituelle, expliquent les initiés.

De la tour un cône s'élève, il est entouré de treize cercles symbolisant les degrés progressifs par lesquels le bodhisattva s'achemine vers la Connaissance. Une ombrelle stylisée, emblème de royauté et de gloire, surmonte le cône et, au-dessus d'elle, une étroite flèche dorée pointe vers le ciel : la flamme de Swayambhou.

La base du stûpa est entourée d'une haute plinthe supportant plusieurs chapelles qui abritent les statues de diverses déités.

Autour du stûpa sont groupés plusieurs temples et un fouillis de chapelles, de niches, de pierres levées sculptées, de stûpas miniatures se pressant sans ordre les uns contre les autres.

Tout le panthéon issu de l'hindouisme et du bouddhisme tantrique est là réuni, souriant, grimaçant, menaçant : personnages aux têtes et aux bras multiples dont les mains tiennent des objets hétéroclites : lotus épanouis, livres, lassos, effigies d'animaux, crânes humains, couteaux rituels ressemblant à une faucille. La proximité dans laquelle sont resserrées toutes ces figures extravagantes crée l'illusion du mouvement. Une vie occulte a été instillée à ce monde grotesque par les hommages des dévots qui ont défilé devant lui depuis des siècles. L'atmosphère, autour du stûpa, serait presque troublante si la malpropreté du lieu ne détournait pas l'attention en provoquant la répugnance.

Les témoignages de la vénération des fidèles revêtent, pour le plus grand dommage des monuments, la forme d'offrandes d'aliments. Sur les jolies chapelles, sur les plaques dorées, artistiquement gravées garnissant la plinthe du stûpa, du riz, des morceaux de pâte demeurent collés. Beaucoup d'idoles ont été copieusement arrosées avec du beurre fondu ou du minium dont la couleur rouge figure le sang des sacrifices. Particulièrement barbouillé est Ganesha, le dieu à tête d'éléphant portraituré sur nombre de pierres de toutes dimensions, certaines de celles-ci s'étant enfoncées dans le sol, laissant la grosse panse du dieu à moitié enfouie dans la boue.

Oserai-je l'écrire ? Le genre de malpropreté de la place est d'une nature difficile à dépeindre. Le fouillis de monuments et de pierres levées a paru aux indigènes pouvoir être utilisé à la façon d'un bois touffu pour y satisfaire leurs besoins naturels.

C'est en prêtant attention à l'endroit où je pose le pied que je me dirige vers le temple principal. L'intérieur en est illuminé par quantité de petites lampes semblables à celles dont les Tibétains garnissent les autels. Un bourdonnement sourd, produit par la récitation de livres religieux, remplit la salle qui est de dimensions restreintes. Le « saint des saints » du temple est une pièce obscure dans laquelle une flamme pâle s'élève d'un récipient rempli d'huile. C'est de cette pitoyable façon que les Népalais évoquent la merveilleuse légende de Swayambhou — flamme émergeant du cœur d'un lotus semé par un bouddha dans le Nâg Hrad, le lac du dieu-serpent.

Comme je m'éloigne du temple, quelqu'un

approche derrière moi et une voix passablement agitée m'interpelle.

— Êtes-vous, ici, toute seule ?

Ce « toute seule » est significatif. Je ne dois pas me promener *seule* au Népal. Je ne l'ignore pas mais je ne vise qu'à éluder cette servitude à laquelle d'autres voyageurs, favorisés comme moi de la permission d'entrer dans le pays, se sont soumis sans résistance. Moi, j'ai mauvais caractère, je n'admets pas les entraves à ma liberté. Quelles luttes, quelles lassantes et prolongées élaborations de ruses il m'a fallu pour parvenir à franchir les barrières que l'on a prétendu m'imposer au cours de mes voyages. J'ai presque toujours réussi... Toujours quand le but à atteindre en a vraiment valu la peine.

Au Népal, je ne tendais à aucun but arrêté. Je l'ai dit au début de ce livre, je n'avais point projeté d'y aller, « on » m'en avait spontanément offert l'occasion, je l'avais saisie avec plaisir, c'était tout. « On » c'était un très grand personnage. Il est mort ; l'autorité britannique ne s'exerce plus sur l'Inde et le peu d'influence que l'Angleterre avait au Népal n'a plus de raison d'être ; laissons donc anonymes ceux qui ont voulu faciliter mon voyage et l'ont fait dans la mesure où cela leur était possible. Mon souvenir reconnaissant leur demeure fidèle.

Celui qui m'avait interpellée était Singh, le « bachelier » dont j'avais reçu la visite le lendemain de mon arrivée.

Sans répondre à sa question, je réplique :

— Tiens, vous êtes à Swayambhou nath. Y venez-vous faire vos dévotions ?...

— Je suis allé à votre bungalow pour vous prendre afin de vous faire visiter la ville.

— Oh ! c'est très aimable de votre part, mais il ne fallait pas vous déranger. Je vous prierai certainement de m'accompagner quelquefois. Vous devez savoir beaucoup de choses intéressantes concernant le pays, ses monuments et la vie des indigènes. Ne craignez rien, j'userai et j'abuserai même peut-être de vos services, mais je vous enverrai un mot lorsque je désirerai sortir avec vous afin de connaître le jour qui vous conviendra.

— J'ai dressé un plan, jour par jour, pour vos excursions, annonça Singh avec empressement. En même temps il tira un papier de sa poche et me le présenta.

Je viens de confesser que j'ai mauvais caractère ; celui-ci se manifesta immédiatement, je repoussai la feuille de papier que Singh me tendait.

— Non, non, merci. J'ai horreur des programmes arrangés d'avance et surtout des programmes arrangés par d'autres pour régler mes mouvements. Aussi aimable et bien intentionné que vous soyez, vous ne pouvez pas deviner ce qui a de l'intérêt pour moi, ce que je désire voir et cela pour quoi je ne tiens pas à me déranger.

— Mais... c'est afin de pouvoir informer l'officier qui doit vous accompagner et qui doit, aussi, donner des ordres pour qu'une voiture ou des chevaux, selon les endroits où vous irez, aillent vous prendre. Mon ami Moukerdji m'a demandé de me tenir à votre disposition. Vous avez vu sa lettre. Je l'ai montrée à l'officier à qui il a été commandé de s'occuper de vous et il m'a dit que je pourrai vous servir d'interprète...

Bon ! Singh se sera vanté en haut lieu de sa qualité de B.A. et de ses relations avec Moukerdji qui est un brahmin érudit auteur de plusieurs ouvrages et jouissant, comme tel, d'un certain renom et il se sera proposé comme interprète. Mais je n'ai pas besoin d'un interprète le long des routes, pour des conversations banales. Lorsqu'il s'agira d'entretiens sérieux, j'aviserai à trouver un interprète docte dans les sujets sur lesquels j'enquête. Vraisemblablement Singh n'est pas l'homme qu'il me faut.

Après tout, il l'est peut-être, mais sa façon de s'imposer à moi et de m'avoir suivie à Swayambhou m'agacent.

— Nous verrons à tout cela, dis-je pour conclure. Je rentre.

Comme je m'en retourne, je vois deux individus qui me saluent et se mettent en devoir de m'escorter.

Voilà ! je n'échapperai plus à la surveillance qui va m'entourer.

Je suis partie pour Swayambhou, à l'aube, avec mon boy tibétain. Ceux qui devaient déjà être commis à ma garde ne se sont pas aperçus de mon départ. Cela ne leur arrivera plus ; ils se méfieront... Mais, moi aussi, je me méfierai.

On m'a amené une voiture pour m'en retourner. Je dois considérer le fait comme une attention aimable, c'est ainsi que le considéreraient des voyageurs étrangers plus « apprivoisés » que moi - plus *tamed* selon l'expressif terme anglais qui rend si bien la nuance de cet état d'esprit. Mais je ne suis pas d'une espèce « apprivoisable » et la vue de la voiture ne fait que me rendre plus « hérissée ».

Au bungalow, l'officier m'attend. Échange de politesses. On regrette que j'aie fait un aussi long chemin à pied ; j'aurais dû prévenir de mon intention... On m'aurait guidée... on m'aurait montré...

Oui, je connais ce refrain ; on aurait, certainement, dépêché un émissaire à Swayambhou, avant mon arrivée, pour y faire fermer toutes les portes qui peuvent se fermer et, surtout, celles du temple à la flamme.

C'est bien ce que l'on essaiera de faire ailleurs. L'étranger est, tout au moins, l'intrus indésirable, s'il n'est pas regardé tout à fait comme un ennemi. Il en est ainsi presque partout en Orient et les voyageurs qui se laissent prendre aux démonstrations extérieures d'amitié des indigènes sont dupes. Il y a toujours, au fond de l'esprit de ces derniers, une animosité latente envers le Blanc. Et qui donc d'entre les Blancs vraiment clairvoyants quant à leurs sentiments secrets oserait dire qu'il ne nourrit pas en son esprit un instinctif mépris de l'indigène ?

C'est sur les bords du Gange que j'ai entendu cette déclaration significative : « Les Anglais nous méprisent et nous le savons. Mais nous nous méprisons les Anglais et ils ne le savent pas. C'est un avantage que nous avons sur eux. »

L'Indien qui parlait ainsi nommait les Anglais parce qu'ils étaient les étrangers les plus proches de lui, mais tous les Blancs pouvaient être inclus dans sa déclaration.

Rien à faire à cela. Je radote à ce sujet, mais il s'impose d'une façon obsédante à quiconque a les yeux suffisamment clairvoyants et l'esprit assez lucide pour se rendre compte de sa situation en Orient. Cet état de chose est-il irrémédiable ? Je crains que oui. La rupture des liens qui attachaient l'Inde à l'Angleterre, l'exemple de la Birmanie se déclarant indépendante l'ont encore accentué. Des nouvelles récentes que j'ai reçues du Tibet confirment mon pessimisme a ce sujet. Combien c'est regrettable !

Très consciente des sentiments que les Népalais nourrissaient à mon égard, je préférai adopter devant l'officier à qui j'avais été confiée une attitude différente de celle des quelques touristes qui ont été promenés en laisse dans la vallée du Népal. Mon but était, d'ailleurs, différent du leur.

— Je n'ai pas l'intention de circuler beaucoup, lui dis-je... Il me suffira de prendre contact avec l'atmosphère occulte du pays.

J'affectai un air de supériorité et je continuai :

— Vous ne savez probablement pas que tous les événements qui ont lieu laissent une empreinte dans l'éther. Or, il s'est produit, dans ce pays, des événements considérables. Les histoires que l'on répète à leur sujet ne sont que des contes d'enfants. Les visites successives de divers bouddhas s'arrêtant sur les montagnes qui nous environnent sont, en réalité, bien autre chose que le passage de bouddhas voyageurs. Et la flamme… la flamme de Swayambhou, savez-vous voir l'universel Shiva en elle ?…

L'officier et Singh m'écoutaient ahuris.

Ce n'est pas que ce que je leur disais fût nouveau pour eux. Je savais que des mystiques hindous croient à la possibilité de percevoir des images ou des mots inscrits dans le ciel. Un Hindou célèbre dans l'Inde entière et qui, d'ailleurs, est un érudit et un philosophe de haute valeur, me demanda un jour mon opinion quant à ce qui se lisait imprimé dans le ciel.

Ce qui stupéfiait mes interlocuteurs, ce n'était pas le sens de mes paroles, c'était de les entendre prononcer par une étrangère.

Je poursuivis donc :

— Je ne tiens pas particulièrement à visiter des temples, à voir des statues de dieux. Les dieux sont encore liés par leurs désirs, ils sont attachés aux joies de leur paradis.

Les sannyâsins ont renoncé aux trois mondes[1]. Ils dédaignent les paradis. Ils sont les maîtres des dieux et ceux-ci leur obéissent. Que je les appelle, ils viendront en amis… Ils viendront, chevauchant le vent, les rayons du soleil ou l'éclair. Mais pour les voir, il

1. Le monde des hommes (le nôtre). Le monde des ancêtres, ce qui est parfois expliqué comme la gloire posthume, d'autres fois comme : l'immortalité, etc. Le monde des dieux : la renaissance parmi eux, étant devenu un dieu soi-même.

faut être doué d'yeux semblables à ceux que vous peignez au sommet de vos stûpas…

Il n'y a pas de danger que les auditeurs de ce discours me croient folle. Tout au plus pourront-ils penser que je me vante en m'attribuant des pouvoirs que je ne possède pas. Ce que je leur dis est parfaitement sensé, réel et orthodoxe, selon leur religion. Et je m'aventurerai à ajouter, cela peut être réel si on en extrait la signification cachée sous les mots en apparence absurdes.

Quittant mon ton solennel, j'annonçai que je ne sortirais pas de la journée.

L'officier me demanda s'il pouvait envoyer un homme dans la soirée pour s'informer de mes plans pour le lendemain. Je n'aurai qu'à lui remettre un mot à cet effet.

J'agréai sa proposition.

Sur ce l'officier, Singh et deux acolytes qui étaient demeurés dans l'embrasure de la porte se retirèrent.

Qu'irais-je voir le lendcmain ? Instinctivement je pensai à Bodanath. Bodanath est un stûpa où les Tibétains se rendent en pèlerinage. Pourquoi ? La plupart des pèlerins ne le savent pas, mais l'habitude est prise, depuis des siècles. Il était probable que je trouverais là quelques rustiques voyageurs venus du « Pays des neiges » et la perspective de causer avec eux me souriait grandement.

Va donc pour Bodanath. Sans attendre qu'on vînt chercher la note demandée par l'officier népalais, je lui envoyai un mot exprimant le désir de partir de bonne heure, voulant passer la journée entière à Bodanath.

Dans la soirée, deux petites secousses puis, un peu après, une secousse plus forte ébranlèrent mon bungalow. Les tremblements de terre sont assez fréquents dans les Himalayas ; il n'y avait pas de quoi s'étonner, mais, tout à coup, je me rappelai ma visite matinale à Swayambhou. Les indigènes prendraient-ils le frémissement de la Terre, qui est une déesse, comme une marque de son indignation ? Cela pourrait m'attirer des désagréments. Et puis, le souvenir du discours que j'avais tenu aux deux Népalais me revint aussi et je me mis à rire. S'imagineraient-ils que des dieux répondant à mon appel étaient accourus vers moi ?

Si le tremblement de terre éveilla des sentiments d'hostilité ou de respect envers moi, je n'en sus rien car nul signe ne m'éclaira à ce sujet. Probablement, aucun rapport entre les mouvements sismiques et ma personne ne fut établi et ce fut évidemment le mieux pour moi.

Bodanath, situé à environ six kilomètres de Katmandou, est un stûpa comme Swayambhou nath mais de dimensions beaucoup plus considérables et d'un caractère tout à fait différent. Le monument lui-même a la forme commune à tous les stûpas népalais, mais tandis qu'à Swayambhou nath la butte en forme de dôme s'allonge dans le sens de la hauteur, à Bodanath elle s'aplatit, s'étendant toute en largeur. La tour carrée — le *toran* —, qui émerge de cette sorte de gigantesque champignon, porte, comme d'usage, deux yeux grands ouverts, sur chacune de ses quatre faces et, au-dessus d'elle, s'étagent les treize gradins symbolisant les étapes du bodhisattva vers la Connaissance. Toutefois, tandis qu'à Swayambhou c'est autour d'un cône que ces étages s'enroulent, le sommet de Bodanath a la forme d'une pyramide surmontée de l'ombrelle habituelle.

Bodanath n'est pas construit au sommet d'une colline et encadré par des bois ; on le trouve au milieu d'une vaste plaine, parmi des champs cultivés. Cet environnement prosaïque ne semblait guère propre à lui communiquer un air de dignité. Pourtant, l'énorme masse (cent mètres de circonférence) du stûpa, étalée sur le sol en une attitude de possession presque animale, produit une saisissante impression de puissance. À plusieurs kilomètres de distance l'on se sent déjà capturé par le regard de ses yeux immobiles qui guettent et qui observent. Que n'ont-ils pas vu depuis plus de dix siècles qu'ils regardent sans jamais se fermer ?...

Souvent, lorsqu'on les fixe, ces yeux, au sommet des stûpas népalais, prennent l'aspect troublant de sphinx interrogeant le passant avec un air de supériorité narquoise. « Qui es-tu, toi, un parmi tant d'autres qui ont apparu, se sont agités et ont disparu tandis que je les regardais ?... Où sont-ils allés ?... Où vas-tu ?... Le sais-tu ?... » Et il semble, alors, que les grands yeux fixes s'éclairent d'une lueur ironique qui vient du tréfonds des éternités.

Il en est de Bodanath comme de Swayambhou nath, la date de son érection et les motifs qui l'ont amenée restent obscurs. À défaut de relation historique des légendes nous sont offertes. La plus populaire est la légende tibétaine suivante :

> Alors que le roi Ti Sron Détsan résidait au monastère de Samyé[1], il demanda au gourou Padmasambhâva de lui raconter l'histoire de l'érection du Magouta[2], stûpa au Népal et le gourou parla ainsi :
>
> « Dans un précédent *Kalpa* (un autre âge du monde), à une époque si ancienne que la durée du temps écoulé depuis lors dépasse notre conception, le bodhisattva Avalokiteçvara implora le Bouddha Amitabha pour le salut des animaux en proie à la douleur. Après en avoir délivré un grand nombre il se rendit au mont Potala[3].

1. Ce monastère situé au sud du Tibet a été construit en 749. L'auteur du présent livre y a demeuré après son séjour à Lhassa.
2. Magouta est l'ancien nom donné à Bodanath.
3. Il ne s'agit pas du Potala de Lhassa mais du véritable mont

De là, il vit des myriades d'animaux aussi nombreux que des grains de millet, entassés et formant une montagne et tous ces animaux étaient encore tourmentés de mille manières.

» Voyant cela, Avalokiteçvara pleura. Deux de ses larmes de pitié tombèrent dans le paradis d'Indra, le roi des dieux et, là, elles donnèrent naissance à deux filles d'un dieu. L'une des filles fut nommée Kang-ma et l'autre Kang Tchoungma (petite Kang).

» Or, il advint que Kang Tchoungma vola des fleurs dans un des jardins paradisiaques. Comme punition elle fut condamnée à renaître sur la terre dans une famille de basse extraction sociale : des éleveurs de porcs, qui vivaient à Magouta, au Népal. Elle se maria, eut quatre fils et son mari mourut jeune, la laissant seule pour pourvoir aux besoins de ses enfants. Aidée par ceux-ci, elle entreprit l'élevage des oies qu'elle vendait aux gens riches et, ainsi, elle acquit une fortune. Elle était connue sous le sobriquet de Ma tcha dzinepa (la Mère gardeuse de volailles). Elle était pieuse et décida de construire un stûpa en l'honneur de Bouddha. Pour ce faire, elle alla trouver le roi et le pria de lui donner un terrain sur lequel le stûpa pourrait être bâti. Mais bien que son intention fût d'ériger un grand stûpa elle ne demanda au roi que l'étendue d'un terrain qu'elle pourrait couvrir avec une peau de bœuf[1]. Le roi ayant acquiescé à sa requête, la femme découpa une peau de bœuf en très fines lanières et en entoura l'espace qui est aujourd'hui occupé par le stûpa. Puis, elle commença la construction de celui-ci aidée par ses fils et par un domestique, avec un âne et un éléphant comme bêtes de somme.

» Les ministres du roi s'apercevant que le stûpa s'annonçait comme devant être monumental conseillèrent à leur souverain de s'opposer à ce que la construction continuât car, disaient-ils, la magnificence d'un tel stûpa éclipserait tous les temples précédemment érigés par des rois et des seigneurs de la noblesse. Mais le roi leur

---

Potala, situé dans une île chinoise près de la côte du Tché Kiang. C'est de lui que le Potala de Lhassa tire son nom.

1. Des légendes analogues se rencontrent en maints pays.

répondit qu'il avait engagé sa parole et qu'il ne pouvait pas se dédire.

» Après quatre années de labeur, la base seulement du stûpa était achevée. Alors, la mère mourut ; néanmoins ses fils continuèrent le travail et terminèrent la construction.

» Dans l'espace vide ménagé au centre du corps, en forme de dôme, de l'édifice, on plaça un coffret contenant des reliques du bouddha Kashyapa[1].

» Alors, s'adressant aux déités, l'aîné des fils formula ce vœu :

» "Puissé-je, dans une nouvelle vie, renaître comme un grand érudit et me rendre utile aux hommes."

» Dans la suite des temps, il devint Thonmi Sambhota le père de la littérature tibétaine[2] déjà mentionné ci-dessus.

» Le second fils formula un vœu analogue et lorsqu'il renaquit il devint Santa-rakshita qui fut abbé du monastère de Samyé, le premier monastère qui fut construit au Tibet.

» En les entendant, l'éléphant éprouva du dépit. Quoi, pensa-t-il, ces deux hommes ne songent qu'à eux ; ils demandent toutes les bonnes choses pour eux et ils ne font aucun vœu pour moi qui ai tant peiné pour les aider. J'en formerai donc un moi-même : "Puissé-je renaître d'une façon qui me permette de détruire leur œuvre."

» Et après qu'un très long temps se fut écoulé, il naquit comme un homme et fut le roi Langdarma, le persécuteur du lamaïsme.

» Le troisième fils entendant ce que disait l'éléphant fut saisi d'indignation et de crainte et souhaita renaître de telle façon qu'il puisse s'opposer au mal que l'éléphant ferait dans cette nouvelle incarnation. Quand le temps en fut venu il renaquit et devint Lholung phel kyi Dordji (le lama qui assassina Langdarma). »

1. Kashyapa est un bouddha qui est dit avoir vécu avant le Bouddha historique Siddhartha Gautama désigné, aussi, par le titre de Sakya Mouni (l'ascète du clan des Sakya).

2. VIIe siècle.

Ensuite l'histoire s'embrouille un peu. Elle a plusieurs versions qui relatent différemment le sort du quatrième fils et celui de l'âne. Comme je ne traite pas ici de folklore je ne discuterai pas ces divergences.

Taudis que j'avançais vers Bodanath, la légende qui y est attachée m'était tout naturellement revenue à la mémoire mais d'autres idées que j'avais en tête m'occupaient davantage. Elles concernaient les Tibétains établis près de Bodanath. Peut-être seraient-ils susceptibles d'apporter une note intéressante dans mon séjour au Népal qui risquait d'être trop monotone à mon gré.

Près du grand stûpa, je trouvai des maisons construites en bordure d'un large chemin circulaire qui permet aux pèlerins de faire le tour du monument comme l'exige le rite dénommé kora[1]. La plupart de ces habitations étaient occupées par des commerçants tibétains.

J'eus plaisir à retrouver dans leurs boutiques des articles qui m'étaient familiers : des rouleaux de *pourouc* et de *nombou*, les draps tissés à la main, de la serge de Tsétang, des objets d'orfèvrerie fabriqués, très loin de là, au pays de Khams.

Je touchai tout cela avec plaisir, presque avec tendresse et je humai délicieusement l'odeur *sui generis* qui s'en émanait. Odeur rappelant les feux de bouse séchée près desquels les tisserands avaient travaillé et odeur du beurre fondu qui alimentait les lampes brûlant sur les autels familiaux et flottait sur les bols pleins de thé fumant… Oh ! Tibet ! Comment ce pays

1. Ces marches circulaires autour de monuments, de statues, de lieux saints, etc., se retrouvent dans tous les pays. D'après ce que nous lisons dans les écrits (les sûtras) du bouddhisme primitif, il semble qu'une marque de respect usitée à cette époque, dans l'Inde, consistait à tourner autour de la personne à qui l'on voulait rendre hommage.

si différent du mien a-t-il pu me conquérir ainsi, me possédant corps et esprit, par toutes mes sensations et par toutes mes pensées ?

J'avais consigné mes gardes du corps au-dehors et fait apporter le panier de provisions que j'avais pris avec moi en vue d'un déjeuner en plein air.

Les Tibétains sont friands des aliments exportés, en boîtes, d'Europe ou d'Amérique. Mes hôtes furent ravis lorsque je leur distribuai des boîtes de conserve et des tablettes de chocolat. En retour, puisqu'il ne me restait rien à manger, je demandai que l'on me prépare du thé tibétain (baratté avec du sel et du beurre) et des *momos* (une sorte de petit pâté cuit à la vapeur).

En attendant que le repas soit prêt, j'achetai différentes choses.

Les Tibétains du voisinage avertis de ma présence étaient accourus et se pressaient dans la boutique où je me trouvais. Tous bavardaient à la fois, menant grand tapage, riant et s'exclamant en entendant une étrangère parler leur langue. À Katmandou ou dans l'Inde, certains d'entre eux avaient entendu des étrangers parler hindi ou népalais, mais jamais tibétain. Tibétain, vraiment !... je parlais tibétain !... quel événement !

L'amusement de ces bonnes gens était contagieux et me divertissait grandement mais je ne perdais pas de vue que j'étais là pour tâcher d'apprendre quelque chose. Quoi ?... Quelque chose qui eût rapport avec mon étude favorite, les croyances de la population, leur vie religieuse. En quoi ces Tibétains établis au Népal s'étaient-ils écartés, sur ces points, de leurs coreligionnaires lamaïstes demeurés au Tibet ?... Et en quoi les croyances et les pratiques de leurs voisins newars, qui se disaient, aussi, bouddhistes, différaient-elles des leurs ?...

Mes questions n'amenèrent d'abord qu'un tumulte

de réponses incohérentes et contradictoires. Dans le brouhaha, un renseignement paraissait ressortir : certains Newars, tout en se disant baudhas c'est-à-dire adeptes du bouddhisme, offraient des sacrifices sanglants à des déités hindoues. Il n'y avait ni moines ni religieuses parmi eux, ceux qui se dénommaient *bhikkhous*[1] étaient mariés et pères de famille.

De nombreux « et puis encore », « et puis encore » revenaient dans les discours de mes interlocuteurs, chacun d'eux ayant à cœur de montrer sa supériorité sur les indigènes.

Après avoir tenu les Indiens en haute estime entre le Xe et le XIIe siècle et s'être faits leurs élèves, les Tibétains se sont mis, sans raisons valables, à les mépriser. Ainsi, dans la question des mariages, tandis qu'ils acceptent volontiers, pour leurs filles, un mari chinois et se montrent même souvent fiers d'une telle alliance, ils abhorrent l'idée d'avoir un Indien pour gendre.

Un peu fatiguée par les conversations bruyantes de ceux qui s'étaient assemblés je déclarai que j'allais faire le tour du stûpa — en tibétain on dit le *chörten*, prononcé *tcheutène* — et que je reviendrais quand les momos seraient cuits.

Ce qui distingue Bodanath de Swayambhounath, ce n'est pas seulement la différence de leur situation géographique et certaines particularités de l'architecture des stûpas mais, plutôt, le caractère de leur environnement immédiat. On ne rencontre pas à Bodanath l'influence débordante de l'hindouisme qui submerge Swayambhounath. Bodanath respire la foi tibétaine.

Le stûpa de Bodanath est majestueusement isolé au milieu d'une enceinte d'où partent plusieurs plate-

1. Nom des religieux bouddhistes.

formes étagées qui montent jusqu'à la base de la coupole. Celle-ci est entourée d'une plinthe dans laquelle des niches sont pratiquées. Dans chacune de ces niches se trouve un gros cylindre que l'on peut faire tourner en le poussant avec la main. Ces cylindres sont ce que les étrangers dénomment, très improprement, des « moulins à prières ». En fait, ils contiennent des rouleaux de feuilles de papier ou de rubans d'étoffe sur lesquels sont imprimés, non seulement la formule *Aum mani padme hum!* mais aussi des traités philosophiques tout entiers ou des mots et des phrases usités dans les rites magiques. D'après la croyance populaire, la mise en mouvement du cylindre qui entraîne la rotation du rouleau qui y est renfermé équivaut à la récitation de ce qui est imprimé sur celui-ci.

Aux coins du grand stûpa se dressent de petits stûpas d'un bel effet décoratif.

Ce qui me surprit agréablement ce fut la scrupuleuse propreté des terrasses et de tout le pourtour du monument ; un contraste frappant avec Swayambhounath et qui paraît démontrer que l'endroit n'est pas fréquenté par le même genre de dévots.

Comme je circulais autour du stûpa, faisant tourner les gros cylindres pour l'édification des braves Tibétains qui me regardaient d'en bas, j'aperçus un homme adossé à l'une des niches. Il était vêtu d'une robe tibétaine et portait ses cheveux tressés en longue natte qui lui battait les talons. Cette coiffure est le signe distinctif des anachorètes tibétains appelés *gomtchén* qui s'adonnent à la contemplation sur les montagnes.

Que faisait-il là ? J'engageai la conversation et j'appris qu'il avait visité, en pèlerin, les lieux saints du bouddhisme dans l'Inde et allait rentrer au Tibet par la voie de Kirong.

Et où irait-il de retour dans son pays ?

— Mon pays est très loin d'ici, répondit-il. Je suis de Khams, mais je n'irai pas si loin. J'ai un gourou[1] dans la province de Tsang ; j'ai déjà séjourné près de lui. Il m'attend. Quand j'aurai reçu sa bénédiction, il m'emmurera dans un *tsamkhang* tout à fait obscur. Je n'en sortirai plus jamais et y finirai ma vie en méditant.

Un *tsam-khang* de *tsam* = barrière et *khang* = maison est une toute petite habitation où l'on se retire pour méditer, soit pour quelque temps, soit — plus rarement — pour la vie. Toutefois, la plupart de ces maisonnettes ne sont pas complètement obscures. Celles dans lesquelles le reclus demeure continuellement dans les ténèbres n'existent que dans quelques endroits où est pratiqué un entraînement mystique particulier.

Je regardais avec intérêt l'homme qui projetait de s'enfermer dans les ténèbres pour le restant de ses jours. Son visage était grave mais ne respirait nullement la mélancolie.

Je lui posai quelques questions, il y répondit laconiquement, ne témoignant aucun désir d'entamer une conversation. Dans les brèves réponses qu'il me fit je notai cependant ceci :

« La lumière du jour qui fait apparaître devant nos yeux ces milliers d'objets et de phénomènes qui se meuvent et se transforment continuellement est une cause de trouble pour la vision intérieure. Cette fantasmagorie qui se dresse devant nous, s'imposant à notre attention, nous cache ce qui existe derrière elle. Et c'est cela qu'il faut arriver à voir, au fond de soi-même. »

Je saluai le futur reclus, lui souhaitai de parvenir à son but et regagnai la boutique tibétaine.

1. Gourou est un terme sanscrit adopté par les Tibétains. Il signifie un directeur spirituel.

Le thé et les momos m'attendaient et comme j'avais grand-faim je fis honneur au repas que l'on me servit.

Dès que je le pus, sans paraître trop curieuse, ou trop indiscrète, je remis la conversation sur le genre de religion que pratiquaient les Newars qui se prétendaient bouddhistes et qui paraissaient l'être si peu.

Mes interlocuteurs marquaient une assez forte antipathie pour ceux-ci. Ils en revinrent à les accuser de pratiquer des sacrifices sanglants comme les Hindous. Certains d'entre eux, disaient-ils, se livraient même à des débauches innommables qu'ils tenaient pour des rites religieux.

Une grande partie des Hindous établis au Népal sont *Shatkas* et *Tantrikas.* Ils révèrent la Déesse. La Déesse à l'absolu, c'est-à-dire Shakti, dont toutes les autres déesses ne sont que des formes différentes.

Tandis que les initiés découvrent dans les rites sensuels du culte de la Déesse des éléments intellectuels et spirituels, une grande masse de ses dévots y cherche, seulement, la satisfaction d'instincts grossiers. J'avais vu, d'assez près, ces deux aspects dans l'Inde. Que pouvait-il en être chez des non-Hindous ? D'ailleurs, ceux que les Tibétains accusaient étaient-ils des Shaktas ou bien se rattachaient-ils à l'une ou l'autre des formes de chamanisme existant dans les Himalayas ? Je brûlais du désir de me renseigner et, pour cela, de causer avec quelques-uns des adeptes de ces rites représentés comme blâmables. Toutefois je n'en voyais pas le moyen. J'étais cérémonieusement escortée partout où j'allais ; c'est, là, le plus grand des obstacles que puisse rencontrer celui qui veut obtenir une connaissance réelle des mœurs et de la mentalité des habitants de n'importe quel pays. C'est pour cette raison que les relations émanant de personnages officiels ont si peu de valeur. Tous les raisonnements que je pouvais faire à ce sujet ne changeaient rien à la situation. Il ne me restait qu'à me résigner.

En m'en retournant je m'arrêtai un moment à l'endroit de la route où le stûpa de Bodanath allait cesser d'être visible. Je l'aperçus lointain, dans son attitude d'énorme animal aplati sur le sol en un geste de possession provocante. Je pouvais encore distinguer ses grands yeux immobiles et je les interrogeai. Que me réservait mon séjour au Népal ? Mais les yeux impassibles ne me répondirent rien… peut-être est-ce moi qui manquai de clairvoyance pour discerner leur réponse.

Le but de mes voyages a toujours uniquement été la satisfaction de ma curiosité, et cette curiosité concerne ce que j'appelle des « paysages ». J'applique ce terme, suivant son acception ordinaire, à la nature physique et c'est pour moi une joie extrême de parcourir des régions peu connues ou, encore mieux, inconnues, de contempler leur visage fait de montages, de rivières, de vallées, de forêts, de fleurettes et de cailloux ; toutes ces choses vivent d'une vie si intense et racontent de si merveilleuses histoires à qui leur prête une oreille attentive. Mais j'entends aussi « paysage » dans un autre sens que je lui ai donné. « Paysage » c'est la vie des hommes : ce qu'ils en laissent voir dans leur conduite qui tisse l'étoffe de l'histoire, mais bien plus « paysage » ce sont les idées, les pensées, les croyances, les désirs, les amours et les haines, les peurs, les espoirs et tout le contenu de ce que les gens d'Occident appellent l'âme et qui, loin d'être « contenu » dans une âme, constitue, sans doute, l'ensemble mouvant qui est l'âme elle-même.

J'avais voulu, tout d'abord, voir Swayambhounath et Bodanath parce que, là, se trouvaient des manifestations de la mentalité de ceux qui avaient érigé les stûpas et de ceux qui, actuellement, les tenaient en vénération, mais Singh me pressait, maintenant, de visiter les villes de la vallée. Il était inadmissible, disait-il, que leur architecture si particulière ne m'inspirât pas d'intérêt. Je ne pouvais pas lui donner tort et je lui promis de faire des excursions en sa compagnie. Avant d'aller plus loin il convenait de visiter la ville même où j'habitais : Katmandou.

Katmandou compte une cinquantaine de mille habitants, peut-être un peu plus ; les recensements, en Orient, sont très approximatifs. On peut y distinguer deux sections : la ville ancienne, le vrai Katmandou, et un espace assez considérable d'aspect moderne.

La ville ancienne est dite avoir été fondée en 723 par un rajah nommé Gounakamadéva — ce qui contredit la légende de sa fondation par Mandjoushri. Elle est formée par de nombreuses rues étroites, coupées par des places. Les maisons y ont deux, ou même, quatre étages, elles sont bâties en briques et couvertes en tuiles. Ce qui constitue leur particularité est la décoration compliquée de leur façade avec des ornements en bois sculpté, en plâtre ouvré et des peintures de couleurs vives. Les étages comprennent des fenêtres du genre de nos « bow-windows » et des balcons surplombant fortement le rez-de-chaussée. Dès qu'on s'écarte du centre de la ville les maisons ne sont presque plus que des huttes en bois couvertes en chaume.

Le type le plus courant d'habitations, dans la ville, consiste en des boutiques en bordure de la rue et, entre celles-ci, une porte donnant accès dans une cour autour de laquelle s'élèvent des bâtiments. Ces derniers ont, eux aussi, plusieurs étages ; un grand nombre de familles s'y entassent dans très peu d'espace. Les conditions hygiéniques sont déplorables.

Dans la cour, la marmaille dépenaillée grouille et

piaule parmi des tas d'ordures ménagères. Les latrines paraissent inexistantes, car des traces pénibles, nombreuses, parsèment les cours où je pénètre. Les rues elles-mêmes n'en sont point exemptes et des égouts stagnants et découverts dégagent une odeur infecte.

Une épidémie de petite vérole sévit en ce moment. Elles sont fréquentes au Népal. On les attribue à la déesse Sîtalâ dont le nom est devenu synonyme de la maladie elle-même.

Les indigènes ont de curieuses façons de se comporter pendant les épidémies. Comparant leur conduite telle qu'elle fut il y a un siècle avec celle qu'ils tiennent aujourd'hui, je n'y trouve guère de progrès.

Les chroniques rapportent que les années qui suivirent 1810 furent marquées par une suite de calamités, dont une terrible épidémie de petite vérole.

La déesse Sîtalâ ayant supporté des offenses réitérées pendant douze années, nous est-il dit, perdit patience et entra au Népal. Des milliers d'enfants moururent ; leurs cadavres ne furent pas incinérés, mais jetés dans la Bâgmatî, la rivière sacrée du Népal, ou déposés sur ses rives, recouverts seulement d'une mince couche de terre. La pestilence se répandit dans toute la région avoisinante, l'eau de la rivière fut contaminée. Les vautours et les bêtes sauvages qui mangèrent les cadavres furent empoisonnés et moururent en grand nombre. Sîtalâ pénétra dans le palais et le rajah mourut de la petite vérole.

Enfin, on fit sortir, pour les honorer, toutes les effigies du taureau Nandi, qui est la monture de Shiva ; alors, de fortes pluies tombèrent qui entraînèrent les cadavres des humains et des bêtes et le sol fut purifié.

Ceci ne signifie pas que le Népal fut dès lors délivré à tout jamais de la petite vérole. Il s'en faut.

Je pouvais juger des ravages que faisait le fléau par le nombre d'enfants dont le visage était couvert de pustules et de croûtes noires. J'imagine qu'ils devaient souffrir, mais les parents ne paraissaient pas s'en douter. Aucun soin ne leur était donné. On voyait les tout-petits portés sur le bras et promenés dans la rue comme s'ils avaient joui d'une parfaite santé. De plus grands jouaient dans les cours des habitations, hideux à voir avec leur figure tuméfiée et purulente. Quelques-uns demeuraient assis contre les murs, semblant dormir. Peut-être étaient-ils en train de mourir.

Quel serait le pourcentage des décès parmi les malades ? Cette question n'intéressait personne. Pour émouvoir les Orientaux, il faut que les événements atteignent des proportions vraiment démesurées. Or, on ne voyait pas encore « les rivières charrier, en abondance, des cadavres d'enfants », comme lors d'épidémies précédentes décrites dans les chroniques. Je n'en avais rencontré que deux : l'un au bord d'un affluent de la Bâgmatî, l'autre, à demi dévoré, dans un champ où un animal devait l'avoir traîné. L'épidémie demeurait donc dans les limites où elle ne trouble pas la population.

Moi, qui ne faisais point partie de la « population », j'étais passablement dégoûtée par les contacts malsains que je subissais pendant mes visites dans la ville. Et puis, je craignais la contagion pour mes domestiques. J'insiste toujours pour qu'ils soient vaccinés. Mon boy tibétain l'était ; les autres, récemment entrés à mon service, assuraient l'être, mais je pouvais en douter. Quant à moi, à tort ou à raison, je me crois réfractaire à toutes espèces de contagion et… jusqu'à présent les faits m'ont donné raison.

Les temples ne manquent pas à Katmandou, tous profusément décorés de sculptures, de peintures et d'ornements en cuivre d'un effet pittoresque, mais sans grandeur. On en rencontre de toutes les dimensions, certains d'entre eux n'étant que de petites chapelles ou de simples niches contenant la statue d'une déité. Beaucoup de pierres levées sur lesquelles est sculptée l'image d'un dieu ou d'une déesse se dressent, aussi, de-ci et de-là. Un grand nombre d'entre elles ne sont pas seulement barbouillées de minium pour imiter le sang, mais de sang véritable, poisseux, noirci, que des chiens errants lèchent.

Les sacrifices sanglants sont quotidiens au Népal. La Déesse : la « Mère » et d'autres membres de la tribu des dieux, avides de sang, les réclament continuellement.

Devant une pierre dressée ce ne sont guère que des coqs ou, au plus, un malheureux mouton, une chèvre infortunée que l'on égorge, mais, dans les temples, avec les chèvres et les moutons, l'on immole des buffles.

Les méthodes de sacrifice sont particulièrement horribles. Le sang des victimes doit gicler sur les idoles. Un des procédés employés consiste à saisir l'artère carotide du buffle ou de la chèvre dont la gorge a été tranchée et de la pincer entre les doigts comme on le ferait d'un tuyau d'arrosage en caoutchouc pour forcer le liquide à jaillir plus loin ou plus haut. Certains sacrificateurs se vantent de pouvoir, ainsi, faire durer l'agonie d'une bête pendant plus d'une heure.

C'est lors de la grande fête de Dourga[1], le Dourga Poûja ou *Dasahara*, que cette orgie de sacrifices sanglants atteint son point culminant. Des milliers de buffles sont, alors, immolés en quelques jours. Le Dourga Poûja est la fête officielle du Népal au cours

1. Dourga est l'une des dix formes de la Déesse. Elle est, avec Kâlî, une de ses formes les plus populaires.

de laquelle les troupes sont passées en revue et leur commandant en chef bénit les drapeaux.

Le mode de cette bénédiction respire fortement la barbarie, voire, même, la sauvagerie. Une partie du sang des victimes est recueillie dans un grand bassin de cuivre. À un moment donné, tandis que se déchaînent violemment les fanfares militaires et les feux de salve répétés, le commandant en chef s'avance vers les drapeaux alignés. Des soldats portant le bassin plein de sang le précèdent. Devant chaque drapeau le commandant s'arrête, trempe ses deux mains dans le sang et les joint, paume contre paume, sur l'étoffe de l'étendard, y imprimant, ainsi, une sinistre main de Fathma.

Le théâtre de la tuerie est la cour du Kot, un bâtiment situé près du palais du Durbar (assemblée), où, il y a un siècle, eut lieu une tuerie plus lamentable que celle que je viens de décrire. En 1846, la plupart des chefs de la noblesse et les principaux notables népalais, ayant été convoqués sous le prétexte de tenir un Conseil, s'étaient rendus au Kot désarmés. Ils y furent traîtreusement massacrés par la soldatesque, la cour où s'amoncellent, de nos jours, les têtes des bêtes sacrifiées fut, alors, remplie de piles de cadavres.

Cet événement amena la prise de possession du pouvoir par le Premier ministre Jung Bahadour dont les descendants le conservent encore aujourd'hui.

Dans toutes les villes népalaises, la place du Durbar est le centre de l'agglomération et, aussi, le site où s'élèvent les monuments les plus remarquables. Le palais du Durbar à Katmandou offre, de l'extérieur, un aspect imposant mais l'intérieur ne présente guère d'intérêt. Près de lui se trouve le temple de la déesse Taléjou, patronne de la famille royale. On raconte que Prthwi Nârâyan, le chef Gourkha qui conquit Katmandou, lui sacrifia une victime humaine et qu'en rêve, la déesse lui apparut et blâma cet excès de zèle.

Sans avoir été très fréquents, des sacrifices humains ont certainement eu lieu, autrefois, au Népal ; les chroniques en mentionnent plusieurs.

Ceux-ci m'amènent à parler d'un genre particulier de sacrifice humain : celui des veuves que l'on brûlait sur le bûcher qui consumait la dépouille de leur mari. C'était, là, un usage courant autrefois, au Népal, et cet « autrefois » n'est pas extrêmement lointain. Il est dit que trois des femmes du célèbre Premier ministre Jung Bahadour se sont fait brûler vives après sa mort et le fait se passait en 1880. Combien de victimes de plus humble condition sociale les ont imitées depuis lors, sans que leur mort tragique éveille l'attention ? Il nous serait difficile de le savoir, mais il est presque certain qu'il y en a eu puisque quelques-unes ont été signalées dans l'Inde malgré la vigilance exercée par la police anglaise, encore active à ce moment.

Quand on nous dit d'une veuve qu'elle a voulu être *sati*, c'est-à-dire brûlée vive, nous imaginons immédiatement qu'elle a été contrainte par son entourage de commettre cet effroyable genre de suicide. Probablement en a-t-il été fréquemment ainsi, mais nous nous tromperions en pensant que jamais, ou seulement en de très rares occasions, la femme n'a agi de son plein gré.

Quelles raisons poussaient ces malheureuses à un tel sacrifice ? Elles étaient multiples. D'abord, pendant des siècles, le veuvage a été considéré comme un opprobre pour les femmes. La situation de la veuve dans la famille de son mari, avec laquelle elle devait continuer à habiter, était misérable à l'excès. Les bigots lui reprochaient la mort de son époux, disant qu'elle l'avait causée par ses péchés. Elle était tenue à l'écart, soumise à des jeûnes fréquents, devait avoir la tête rasée et ne se vêtir que d'habits minables. D'autre part, une auréole de gloire entourait la sati, elle laissait une mémoire, presque vénérée à l'égal d'une déité.

Toutes les idées, les traditions séculaires dont l'atmosphère de l'hindouisme est imprégnée agissant sur l'esprit de la veuve, l'hypnotisaient et finissaient par l'amener au bûcher.

Au Népal, le sacrifice des veuves n'a guère été pratiqué que par l'élément hindou de la population, les femmes Newares et celles des tribus montagnardes ont toujours eu le bon sens de s'y refuser, préférant se remarier si leur âge le permettait encore.

Après son voyage en Angleterre — il y a plus de soixante-dix ans — le Premier ministre Jung Bahadour voulut, en ce qui concerne les satis, rapprocher la législation népalaise de celle que les Anglais avaient établie dans l'Inde. Il n'osa pourtant pas prohiber nettement le sacrifice des veuves et édicter des peines contre ceux qui le favoriseraient, mais il y apporta des restrictions. Ainsi, les mères de jeunes enfants devaient être empêchées de se brûler. Puis, la veuve qui avait annoncé son intention de se brûler pouvait, dorénavant, se rétracter, même au moment de monter sur le bûcher, ce qui ne lui était point loisible jadis, car la loi permettait de lapider, jusqu'à ce que mort s'ensuive, la femme qui tentait de s'échapper après avoir fait une telle promesse.

Le voisinage de l'Inde, où les Anglais avaient strictement interdit la pratique du sati, était de nature à influencer le Népal à ce sujet. Qu'en adviendra-t-il, maintenant, qu'avec leur départ, d'archivieilles coutumes que l'on croyait oubliées et mortes, relèvent la tête ?

Que l'on excuse cette digression. Nous continuerons, maintenant, notre visite de Katmandou : j'ai encore à y signaler le palais, d'ailleurs très modeste, où habitent les *Koumârîs.*

Koumârî signifie simplement une «jeune fille», mais ce titre n'est donné qu'aux filles de parents nobles ou qui, tout au moins, occupent un haut rang social. Toutefois, les Koumârîs de Katmandou sont tout autre chose, ce sont des fillettes choisies vers l'âge de six ou sept ans pour représenter les formes d'activité de la Déesse, c'est-à-dire de Shakti, l'énergie universelle.

Les chroniques népalaises rapportent que durant le Dwâpar Youga, l'âge du monde antérieur au nôtre [1], quatre Koumârîs s'établirent au Népal comme suit : Bâl Koumârî de Thêmi, à l'est ; Kwâtha Kshê Bâl Koumârî, au sud ; Maiti Dêvi Koumârî, à l'ouest, près de Gyânêswara et Mangalopoûr Koumârî, au nord, à Bisâl-nagara, près de Bhasmêswara.

De ces légendes est restée la coutume d'élire, comme je viens de le dire, des enfants qui représentent les Koumârîs et sont honorées comme elle. Il est essentiel que ces filles soient vierges, c'est pourquoi elles sont choisies très jeunes, mais comme l'hindouisme n'approuve pas la virginité, pour les femmes, après leur nubilité, elles cessent de remplir leur emploi et sont honorablement mariées lorsqu'elles ont atteint l'âge voulu.

Pour diverses raisons il arrive, aussi, qu'une seule Koumârî soit installée. Cela paraissait avoir été le cas pendant mon séjour à Katmandou.

Chaque année, pendant la fête appelée Indra Jâtra, la Koumârî est placée sur un char enguirlandé et conduite ainsi à travers la ville, recevant les hommages et les dons de la population tout le long du parcours.

Avant la conquête du Népal par les Gourkas, les

1. Les âges du monde, d'après les Hindous, sont : Satya Youga, Trêtâ Youga, Dwâpar Youga. L'âge actuel est appelé Kali Youga.

râjahs newars célébraient en grande pompe cette fête des Koumârîs. Ce fut même celle-ci qui facilita la prise de Katmandou par les envahisseurs Gourkas.

Il était d'usage que, lorsque les chars portant les Koumârîs arrivaient devant le palais, le trône fût placé sur le char où se trouvait la principale Koumârî et tout à côté de celle-ci. Le sabre du souverain était déposé sur le trône et l'y représentait, mais, parfois, le râjah, lui-même, s'asseyait près de la Koumârî.

C'est en ce jour que Prithwi Nârâyan, le conquérant du Népal (mort en 1775), entra dans Katmandou. Quand les chars arrivèrent au palais et que le trône eut été placé à côté de la Koumârî, Prithwi Narayan s'y assit promptement, prenant ainsi la place du râjah.

La fête qui durait déjà depuis une semaine avait été célébrée par d'abondantes libations d'alcool. Les trois quarts de la population étaient ivres, les troupes firent peu d'opposition aux envahisseurs et le râjah newar prit la fuite.

Nous passerons, maintenant, dans la partie de Katmandou que j'appelais la « ville moderne » pour la différencier de la plus ancienne partie de la cité.

Le contraste entre ces deux divisions de Katmandou est frappant. Katmandou « moderne » est propre, strictement bien tenu, mais ne montre guère que des murs, d'anormalement hauts murs de jardins bordant de larges rues droites généralement désertes. La singulière tranquillité qui règne cause un vif étonnement en sortant de la cohue bruyante qui s'agite dans l'ancienne ville. On se dirait dans un autre pays.

Mais pourquoi ces murs si extraordinairement hauts ? Ils doivent enclore des habitations parmi les jardins ; pourquoi celles-ci se dissimulent-elles ainsi et n'ont-elles aucune vue sur l'extérieur ? Parce que l'atmosphère de Katmandou est loin d'être imprégnée de sécurité et que, comme presque partout, en Asie, des drames politiques sont à redouter.

Le monument le plus « voyant » de Katmandou est une colonne d'environ soixante mètres de hauteur qui se dresse non loin du champ de manœuvres.

Quel événement commémore cette colonne ? Aucun. Elle est née d'une fantaisie du grand général Bhimaséna qui après avoir gouverné le Népal fut victime d'intrigues politiques et mourut enchaîné dans une prison. Son cadavre fut traîné par les rues de Katmandou et finalement jeté sur un tas de fumier en 1840.

La colonne bâtie par Bhimaséna dans les jours de sa puissance s'écroula en 1833 pendant un violent tremblement de terre. Il la fit reconstruire mais, après sa mort, en 1856, la foudre tomba sur elle et la fendit de haut en bas. Réparée en 1869, elle continue à être un sujet d'admiration et d'orgueil pour la population de Katmandou.

Une semi-légende veut que le fondateur de la dynastie des souverains Gourkhas, qui règnent actuellement sur le Népal, paria qu'il sauterait, à cheval, du haut de la colonne et qu'il tint son pari, le cheval étant tué et le cavalier restant sauf.

Le saut fut, paraît-il, réellement effectué mais il ne fut pas aussi spectaculaire que la légende le dépeint. Lorsqu'il eut lieu, la colonne était en voie de reconstruction et d'une hauteur très inférieure à celle que nous lui voyons. De mauvaises langues prétendent aussi qu'un très épais lit de foin avait été étendu pour recevoir le parieur.

Si la tour de Katmandou attire inévitablement les regards du visiteur, le palais du chef de l'État est bien de nature à laisser celui-ci béant de surprise tant il contraste avec les vieilles maisons newares couvertes de boiseries sculptées et avec les hautes murailles protégeant des demeures invisibles.

C'est un très beau bâtiment de style italien qui, du reste, est l'œuvre d'un architecte italien. Il embellirait une place spacieuse dans n'importe quelle cité européenne. Le jardin, orné de statues et de fontaines, qui le précède, est d'aspect riant et nulle muraille ne le dissimule aux yeux des passants.

J'ai entendu des étrangers critiquer ce palais. Ils lui reprochaient de ne pas s'harmoniser avec les édifices de style classique newar. Qu'il détonne parmi eux est évident ; qu'il soit une copie banale de nombreux palais européens, c'est encore vrai, n'empêche qu'il me plut au premier coup d'œil alors que je venais de contempler tant d'édifices antiques d'une incontestable valeur artistique, mais dont j'aurais considéré comme mortel d'habiter l'intérieur obscur et dépourvu d'aération.

Le Premier ministre chef de l'État aime les larges fenêtres laissant entrer l'air et la lumière. Il a, dans son palais italien, de vastes pièces ensoleillées ; je l'en félicite. Que n'ouvre-t-il pas, aussi, des brèches salutaires dans la muraille des restrictions qui emprisonnent son pays, des brèches par où puissent pénétrer, au Népal, des souffles du monde extérieur et se répandre, au-dehors, ceux des divins Himalayas. Mais peut-être une telle initiative dépasse-t-elle le pouvoir du chef d'État, pourtant puissant, qui habite le beau palais aux multiples fenêtres.

Le chef de l'État, au Népal, c'est le Premier ministre et non pas le souverain en titre : le maharajah Dhiraja.

Le Premier ministre porte, lui aussi, le titre de maharajah mais sans l'adjonction de Dhiraja. La situation politique du pays est analogue à celle qui existait au Japon avant 1868, alors que le Mikado, l'empereur-dieu, n'avait aucune part dans le gouvernement, toute l'autorité se trouvant entre les mains du shogun.

Au Népal, si le maharajah Dhiraja n'est pas précisément tenu pour un descendant des dieux, il est pourtant considéré comme un personnage trop sacré pour s'occuper des affaires de l'État, en fait, pour s'occuper d'aucune affaire. Mais qui peut deviner les changements d'ordre politique que le nouveau statut de l'Inde est capable d'amener au Népal.

J'ai consacré plusieurs jours à me faire expliquer certains passages du *Yoga Vasishta*[1] par un *pandit* dont on m'avait vanté l'érudition et l'intelligence. Il en est, ici, comme dans l'Inde, ces lettrés demeurent perdus dans le mélange inextricable des contradictions entre la très haute philosophie du Védanta advaita qu'ils prétendent professer et leurs codes sociaux.

Dans l'intervalle de nos conversations je me promène dans l'enclos où se trouve ma demeure et je noue des relations amicales avec de belles vaches blanches qui y viennent brouter. Quelques tranches de pain que je leur ai distribuées les ont rendues tout à fait familières. Trop familières même, car j'ai dû plusieurs fois décliner la faveur de leur visite alors qu'elles traversaient la véranda, se disposant à entrer dans mon petit salon.

Le pandit qui, comme tous les brahmines[2], et d'ailleurs comme tous les Hindous, considère les vaches comme des animaux sacrés, a conçu, à cause de l'amitié qu'elles me témoignent, une haute idée de mes vertus.

Malgré l'expression stupide de leur physionomie,

1. Un ouvrage philosophique.

2. Le titre *pandit* = érudit n'est attribué qu'à des brahmines. Si savants que puissent être des hommes appartenant à une autre caste, ce titre ne leur est point donné.

ces braves vaches devaient être intelligentes et animées de sentiments altruistes. La porte de l'enclos, une simple barre de bois, fermait mal et demeurait souvent ouverte. En plus des quatre vaches amenées chaque matin par un gamin, quelques autres arrivèrent qui, sans que je les eusse appelées, se présentèrent pour recevoir du pain. Les premières avaient dû les informer que des friandises se distribuaient dans l'enclos.

Et les choses n'en restèrent pas là.

Singh était chez moi, me pressant de ne plus différer mon excursion à Bhatgaon, lorsqu'un énorme taureau blanc se montra sur la véranda, avançant sa grosse tête aux longues cornes avec l'intention évidente de s'introduire à l'intérieur de la maison. L'embrasure de la porte était trop étroite pour le lui permettre et il manifestait son dépit en frappant du pied et en beuglant. C'était un de ces taureaux consacrés à Shiva, qui errent librement par les villes, nourris par les uns et par les autres et ne se gênant pas pour saisir les légumes de leur choix aux devantures des boutiques. Leur faire l'aumône est méritoire, personne ne les moleste et, d'ordinaire, ils sont de caractère paisible. Au cou de celui-ci, un dévot avait suspendu, comme ornement, un collier de grosses perles bleues, un autre y avait ajouté un second collier de fleurs jaunes. Ainsi paré, le massif animal aurait pu avoir l'air grotesque n'eût été la dignité, un peu hautaine, ma foi, qu'il montrait.

Le volume de mon visiteur appelait plus d'une tranche de pain ; un pain tout entier n'effraierait certainement pas son appétit. J'en fis apporter un et je m'assis sur un tabouret près de la grosse tête qui seule pouvait s'avancer dans mon petit salon.

Couteau en main, je taillais des morceaux de pain, les présentant un à un à mon hôte qui mastiquait lentement, s'arrêtant parfois un moment pour regarder

Sing ou inspecter la chambre et me donnant un coup de son mufle lorsque je tardais à lui tendre du pain. Lorsqu'il eut tout mangé je me levai, lui tapotai l'encolure et lui intimai l'ordre de s'en aller. Il n'insista point, il avait vu que je n'avais plus rien à lui donner.

Tandis que je le suivais du regard, je découvris, accroupi près d'un buisson, mon sweeper, le paria, qui les mains jointes et les yeux extatiques paraissait perdu en adoration.

Quel idiot ! pensai-je et je le désignai en riant à Singh. Mais Singh ne rit pas. Quoique bachelier il était hindou et la visite inopinée du taureau de Shiva l'avait impressionné.

Nous reprîmes la conversation. Il fut convenu que j'irais le lendemain à Bhatgaon, le surlendemain peut-être à Patan, puis que je verrais à décider d'autres excursions, sans trop me presser. Je désirais avoir des jours libres pour recevoir des marchands qui me proposaient des objets de fabrication indigène. Et puis, au fait, lui, Singh, ne m'avait-il pas laissé entendre qu'il pourrait me procurer des entrevues avec un ou deux sages *yoguins* [1] qu'il connaissait. Les rencontrer me paraissait beaucoup plus utile pour mes études que de regarder les monuments népalais tout intéressants qu'ils fussent.

— Ah ! répondit Singh, je n'ai rien oublié de ce que je vous ai dit et j'ai parlé de vous à l'un des gourous qui me témoignent de la bienveillance. Il est tout prêt à vous accueillir, mais il refuse absolument de vous voir si vous devez aller à son ermitage suivie de tous ces gens qui vous escortent. Vous pourriez amener votre boy tibétain, si vous le désirez, mais il n'admet personne d'autre. Il ne veut pas que l'atmosphère de quiétude qui environne sa retraite soit trou-

1. Il n'y a pas de sons nasaux en sanscrit ni en tibétain. Il faut prononcer *yoguine*.

blée par le bruit que feraient les soldats et les grooms. Voilà qui rend votre visite difficile…

— On ne me laissera pas aller seule.

— Je le crains… Enfin vous pouvez encore espérer.

Je me demandai si Singh n'inventait pas ce qu'il me racontait. Peut-être s'était-il vanté ; il ne connaissait aucun sage ermite et il cherchait à cacher son mensonge en prétextant des conditions qui rendaient ma visite impossible.

Mais Singh continua :

— En attendant, le gourou veut bien vous envoyer un de ses disciples avancés. Il parle anglais… Il a été en Angleterre.

— Peut-être est-il B.A., répliquai-je me méfiant de la qualité de l'individu annoncé.

— Bien plus que cela ! s'exclama Singh, il est D. ph. (docteur en philosophie).

— Vraiment… Eh ! bien je le verrai avec plaisir.

— C'est cela, j'arrangerai un rendez-vous ; mais nous irons d'abord voir Bhatgaon et Patan, n'est-ce pas ?

— Entendu.

Et Singh prit congé.

J'appelai Passang pour qu'il m'apporte du thé.

— Si vous aviez vu le sweeper, tout à l'heure, cela vous aurait amusée, me dit-il.

— Quand cela ?… Quand je donnais à manger au taureau ?… Je l'ai vu. Qu'est-ce qu'il adorait, ce nigaud ?…

Passang est tibétain, il méprise les Hindous et leurs croyances religieuses. Lui-même a le cerveau rempli des plus grotesques superstitions, cela ne l'empêche pas de railler celles des autres. Nous en sommes tous là.

— Il veut « *faire du mérite* » parce qu'il croit qu'il pourra ainsi, dans sa prochaine vie, naître dans une caste pure. Être un *méthar*[1] lui cause beaucoup de chagrin.

— Pauvre garçon. Traite-le bien, il n'y a aucune raison pour que nous lui montrions du mépris.

— Certainement, non. Nous autres bouddhistes nous ne croyons pas aux castes.

Passang ne doute pas que nous soyons, lui et moi, coreligionnaires, bien qu'entre *mon* bouddhisme et le *sien* la différence soit grande. N'importe. Il continue :

— Krishna Dass croit que servir une dame sannyâsin lui donnera du « mérite ». Et quand il a vu le taureau de Shiva qui mangeait dans votre main il vous a prise pour la Déesse elle-même. Et mon Tibétain de rire avec supériorité.

— Toi, tu ne crois pas que je suis la Déesse ?...

Le garçon redevient sérieux :

— Vous êtes bien au-dessus d'elle *Jétsune Kou-shog*[2], répondit-il, et joignant le geste à la parole, Passang se prosterne trois fois devant moi et demande ma bénédiction.

— Ne montre pas au sweeper que tu te moques de lui, ce serait méchant et laisse-lui espérer que s'il est honnête, il pourra renaître, après sa mort, dans une famille de brahmines.

Je n'aurais pas rapporté cette peu intéressante conversation si elle n'avait pas eu des conséquences intéressantes qui seront relatées plus loin.

Le lendemain je partis en voiture pour Bhatgaon.

Bhatgaon, une des anciennes capitales du Népal au temps de la souveraineté des Newars, est situé à environ dix kilomètres de Katmandou. La route qui y conduit s'allonge entre des rizières et ne présente rien de remarquable ; les faubourgs que l'on traverse

1. *Méthar*, un vidangeur.

2. *Jétsune Kouchog* ou *Jétsunema*, le titre que l'on donne à une dame-lama.

avant d'entrer dans la ville sont misérables et effroyablement malpropres.

Le tableau change complètement lorsqu'on atteint le centre de l'ancienne cité.

Il y a quelque chose d'irréel dans les édifices parmi lesquels on se trouve. On a l'impression de se trouver sur la scène d'un théâtre au milieu des décors. On s'attend à entendre un coup de sifflet et à voir surgir des machinistes qui, soudainement, enlèveront ces palais et ces temples fantastiques.

Partout sont des façades en bois sculpté qui empruntent toutes les formes sauf celle de la ligne droite. Aux étages des maisons s'accrochent des loggias, des balcons en saillies s'inclinant à droite ou à gauche, jamais d'aplomb. Les toits superposés, à part quelques toits de temples, s'entremêlent, se chevauchent, donnant la même impression d'instabilité, de structures ébranlées par un tremblement de terre. Il semble que tout cet ensemble de boiseries vétustes va s'écrouler inopinément. Pourtant, cela tient bon depuis des siècles.

Une décoration en couleur se surajoute aux dessins sculptés dans le bois ou dans la pierre. Ses teintes, qui ont dû être très vives, conservent encore, en dépit de l'effet du temps, une plaisante fraîcheur ; mais l'effet le plus frappant est produit par les ornements de cuivre qui rutilent avec une sorte d'arrogance provocatrice, sur tous les édifices.

Une idée singulière se manifeste dans l'architecture du Nyatpola Devala, le temple aux cinq étages qui se dresse sur une place appelée Taumari Tol.

Des deux côtés de l'escalier très raide qui monte vers le temple, dix statues sont étagées par paires. D'abord deux géants assis que l'on dit représenter des lutteurs professionnels nommés respectivement : Jaya Mall et Phatta. Chacun d'eux était tenu pour posséder une force égale à celle de dix hommes ordinaires. Sur les gradins suivants l'on voit successivement : deux éléphants — la force de l'éléphant vaut dix fois celle des humains les plus forts ; deux lions ayant la forme bizarre que les artistes népalais donnent à ces animaux — le lion est dix fois plus fort que l'éléphant. Au-dessus des lions viennent deux griffons ou les équivalents de cet animal mythologique, mais sous une forme népalaise qui n'a rien de commun avec celle des griffons connus des artistes de l'Occident — un griffon est dix fois plus fort qu'un lion.

Enfin, à la porte même du temple, les figures des déesses Singhini et Vyaghini sont sculptées en relief, sur deux stèles. La force de ces déesses égale celle de dix griffons.

Au sujet de la construction de ce temple les chroniques népalaises rapportent ce qui suit.

Le dix-huitième rajah de la dynastie des Malla qui régnait à Bhatgaon (XVIIe siècle) bâtit un temple à trois étages et y plaça Bhairava.

Bhairava signifie « terrible », « qui cause la terreur ». Bhairava est un des qualificatifs de Shiva et, comme Bhairava, ce dieu est représenté avec un corps humain et une tête de taureau. Par extension, le nom de Bhairava est donné à des déités de la classe des « Terribles » qui composent la cour de Shiva.

Or donc, le Bhairava que Bhoupatindra Malla avait placé dans le temple y témoigna une mauvaise humeur dont les effets tangibles furent des maux divers qui se répandirent par le pays. Le rajah prit conseil d'hommes sages et versés dans les écritures dites Tantras et ceux-ci lui dirent que s'il plaçait dans le voisinage du Bhairava, la Grande Déesse des Tantras que le Bhairava vénérait, celui-ci s'apaiserait.

Le temple aux cinq étages fut donc construit. Le rajah lui-même apporta des briques pour sa construction et tous les habitants de la ville l'imitèrent, de sorte qu'au bout de cinq jours la quantité de matériaux nécessaires à la construction était amoncelée.

Quand le temple fut terminé le rajah y plaça l'image d'une déité qui chevauche le roi « de la Mort » : Yama, cette image ne devait être vue par personne.

Le temple paraît être, maintenant, désaffecté. Je vis du foin séchant sur toute la longueur de son escalier et l'embrasure de la porte du sanctuaire était béante.

D'autres temples, à Bhatgaon, répètent le même style : l'escalier flanqué de statues étagées. Les animaux représentés comprennent des chevaux, des chameaux, des rhinocéros, etc.

Un temple dédié à Bhavani s'élève presque en face de celui aux « cinq étages ». Il est très richement orné et sa porte est gardée par deux animaux fantastiques en bronze dont la gueule est peinte en rouge vif. Toute une faune de bêtes extravagantes s'ébat sur la façade du monument. Les stores qui closent ses fenêtres et les portes de ses chapelles sont faits de rubans de métal doré. Là, encore une fois, comme à Swayambhounath, la splendeur artistique de la décoration est gâtée par la crasse qui y est accumulée en couche épaisse, produite par les offrandes de beurre, de riz, de gâteaux poisseux, etc., que les dévots y collent.

Le temple de Ganesha, dieu du savoir, n'est pas l'un des plus importants de Bhatgaon, mais il a un cachet spécial et m'a particulièrement plu. Devant sa porte, sur un haut pilier, se voit l'effigie d'un rat, l'animal familier du dieu, que nous autres Occidentaux n'avons pas l'habitude de voir statufier. Des bannières en cuivre doré, aux hampes pareillement rutilantes, encadrent l'entrée ; sur le parvis une cloche est suspendue à un portique de pierre et une grande cage en métal ouvragé fait office de lanterne.

Ce qui attire le plus l'attention à Bhatgaon, c'est une statue en bronze du rajah Bhupatindra Mall surmontant une colonne. Le rajah est représenté assis sur un trône, les mains jointes dans l'attitude de l'adoration. Son trône est supporté, aux quatre coins, par des lions ; une dentelle de pierre ouvragée représente le tapis couvrant le trône. Le trône lui-même est placé sur un énorme lotus. Au-dessus du rajah est l'ombrelle, emblème de royauté, à laquelle l'artiste a donné la forme d'une cloche suspendue par une hampe ; cloche et hampe en métal doré.

Les artistes newars se plaisaient à placer des statues sur des colonnes isolées. On en trouve à profusion dans toutes leurs anciennes villes. Le monument de Bhupatindra m'a, toutefois, paru le plus remarquable de tous.

La visite de Bhatgaon avait duré longtemps. Aucun incident à noter. Toujours la foule — plusieurs centaines de gens — qui m'entourait, faisaient cercle quand je m'arrêtais, s'immobilisait, offrandes en main, au seuil des temples où ils allaient faire leurs dévotions ou même, informés de ce qui se passait au-dehors, abandonnaient les dieux pour venir regarder l'étrangère[1].

Cette tournée, du genre de celles que font les personnages officiels, m'agaçait énormément. Les souverains doivent être accoutumés dès leur jeune âge, à jouer ce rôle de bête curieuse. Sans doute n'en

1. Ma vie de voyageuse m'a fourni maintes occasions de constater la similitude des instincts humains et je crois instructif de la signaler au passage lorsqu'il y a lieu. J'ai vu, en Chine, une cathédrale se vider tandis que l'évêque officiait. Tous les fidèles se précipitant au-dehors pour voir un cortège nuptial qui passait dans la rue accompagné par une musique bruyante. La curiosité est un puissant stimulant chez presque chacun de nous.

souffrent-ils pas. Ils se sont résignés à « être regardés » au lieu de regarder eux-mêmes librement, sans personne autour d'eux pour guetter et noter l'expression de leur physionomie en face de tel ou de tel objet, dans telle ou telle circonstance et la décrire dans la presse.

Peut-être, après tout, leur mentalité a-t-elle été façonnée de telle manière qu'ils n'éprouvent aucun désir d'être, parfois, *eux-mêmes.* Ne peut-on pas se demander si un acteur qui ne cesserait jamais d'être en scène et jouerait, sans répit, dans une pièce sans entractes sur un théâtre sans coulisses, ne finirait pas par n'avoir plus de *moi* ?...

— Voulez-vous aller demain à Patan ? me demande Singh tandis que nous retournons à Katmandou. Le disciple du grand sannyâsin pourrait, alors, vous voir après demain.

Faut-il y aller, demain, voir encore des monuments, des boiseries sculptées, des dragons en cuivre doré ?... Décidément, je préfère rester chez moi à écrire, à classer mes notes. Le pandit doit venir dans la soirée...

Je réponds à Singh que je lui serai obligée de prier le disciple de son gourou de venir le surlendemain ou le jour suivant, selon ce qui lui conviendra. J'irai à Patan le jour qu'il ne choisira pas.

— Entendu, dit Singh.

Passang avait des nouvelles à m'apprendre.

Le lendemain en m'apportant mon déjeuner il déclara de la manière directe propre à la langue tibétaine :

— Le sweeper est devenu fou.

— Comment ?

— L'idée de renaître dans une caste pure lui trouble l'esprit et il a rencontré un individu qui veut profiter de sa stupidité pour lui soutirer de l'argent. Il n'en a pas assez. Il m'a demandé de lui en prêter. C'est comme cela qu'il en est venu à me raconter la rencontre qu'il a faite de ce fripon.

— De l'argent ?… Pour quoi faire ?

— Pour acheter une chèvre.

— Le sweeper veut avoir une chèvre…

Passang rit.

— Ce n'est pas pour la garder, ici, dans l'enclos, bien sûr. C'est pour l'offrir à la Déesse.

— Le méthar veut offrir un sacrifice à la Déesse ! Mais il ne lui est pas permis d'entrer dans un temple. Il est d'une caste impure.

— C'est là-dessus que le chenapan compte pour le duper. Au marché, Krishma Dass s'est pris de querelle avec un marchand de *mitaïe* (pâtisseries). Il s'était approché trop près de son étalage et le pâtissier prétendait que son ombre impure était passée sur la mitaïe, la souillant, de sorte qu'elle ne pouvait plus être mangée par des gens de castes pures. Il voulait que Krishma paie le prix de la marchandise qu'il avait gâtée.

— Rien n'est gâté, remarquai-je ; les Hindous ne sont pas très scrupuleux en ce qui concerne les pâtisseries. Si l'homme avait tenu un restaurant cela aurait été différent.

— Je n'en sais rien, répliqua Passang. Qui peut comprendre quelque chose aux stupides idées des Hindous. Notre méthar s'est fâché lui aussi. Il a dit au pâtissier : « Tu es un méchant menteur. Ta mitaïe ne vaut rien ; personne ne l'achète et tu as trouvé ce truc pour me la faire payer. Je ne la paierai pas. Dans ta prochaine vie c'est toi qui sera un méthar et moi qui honore les dieux, je serai peut-être un brahmine. »

Le pâtissier aurait voulu battre Krishma et d'autres gens dans la foule l'auraient voulu aussi, mais ils n'osaient pas toucher un méthar de peur de se souiller.

Vous auriez dû voir Krishna quand il me racontait cette scène. C'était aussi amusant qu'au théâtre.

— Oui, je comprends. Mais la chèvre où est-elle dans tout cela ?

— Ah ! vous allez voir. Comme le sweeper s'en allait un homme le suivit et l'aborda. « Ne te chagrine pas, frère », lui dit-il. « Je suis un dévot de la Déesse. Tu as dit que tu honorais les dieux. C'est bien, mais c'est elle surtout qu'il faut adorer. Si tu le fais tu peux être certain que tu renaîtras comme un brahmine. Peut-être étais-tu un brahmine dans ta vie précédente. Tu auras commis un grand péché et tu en es puni, maintenant, en étant né dans une famille de méthars.

» Il y a des façons particulières d'adorer la Déesse qui lui sont très agréables et elle ne refuse rien à ceux qui l'honorent ainsi. Je connais des gens qui le font. Tu devrais offrir une chèvre à la Déesse. Tu ne peux pas offrir le sacrifice toi-même, ni y assister à cause de la caste dans laquelle tu es né comme punition de tes péchés passés. Tu ne dois pas, non plus, toucher la chèvre parce qu'elle serait souillée et ne serait plus propre à être offerte à la Déesse, mais tu es un garçon pieux, je veux t'aider. Donne-moi dix roupies, j'achèterai une chèvre convenable et la conduirai chez mes amis pour être sacrifiée en ton nom. »

Krishna n'avait pas dix roupies.

L'homme lui demanda s'il ne pourrait pas les emprunter.

Krishna croyait qu'il le pourrait... Il songeait à me les demander.

L'homme voulut savoir où Krishna demeurait. Il irait chercher les dix roupies. Krishna sait que vous ne voulez pas que des étrangers viennent parler, chez vous, avec vos domestiques, il répondit à l'homme que son maître défendait de laisser entrer des étrangers dans le jardin, mais qu'il tâcherait de trouver les dix roupies et les lui porterait s'il lui montrait où il habitait.

Il paraît que l'homme hésitait à donner son nom et son adresse. Enfin, il dit au sweeper qu'il s'appelait Malla et lui montra la maison où il demeurait. C'est en dehors de la ville et pas très loin d'ici.

Et voilà ! Quel fripon ! Il y a, ici, de ces vauriens à tous les coins de rue qui guettent les nigauds pour les duper. Une chèvre pour la Déesse !... Vraiment !... Il la mangerait, la chèvre... Mais Krishna ne tient plus en place. Il veut adorer la Déesse de cette façon particulière si efficace qu'il sera un brahmine dans sa vie prochaine... Quel imbécile ! ah ! ah ! ah !

Passang n'en finissait pas de rire.

Je le fis taire. Il m'était venu à l'idée que de l'aventure grotesque du méthar il y aurait peut-être quelque chose d'intéressant à tirer : un coup d'œil sur la basse classe népalaise que, bien entendu, on ne me laissait pas approcher.

— Passang, dis-je au boy, crois-tu que le sweeper ait confiance en moi ? Si tu lui conseilles quelque chose de ma part, le fera-t-il ?

— De cela je suis certain, répondit Passang. Depuis qu'il a vu le taureau Shiva entrer dans votre chambre et manger dans votre main, son respect pour vous est sans bornes.

— Bien. Alors, tu lui diras que tu m'as rapporté tout ce qu'il t'a raconté et que j'approuve son désir de vouloir renaître dans une caste pure. Seulement, il doit être prudent. Ces gens qui disent connaître des façons particulières de plaire à la Déesse n'en connaissent peut-être pas. Ou bien, ils peuvent se tromper et leur façon, au lieu de plaire à la Déesse, peut, au contraire, l'offenser, alors, lui, Krishna, au lieu de renaître brahmine renaîtrait encore comme un méthar ou pire encore comme un animal…

Passang me regardait passablement ahuri.

— Vous ne croyez pas cela ?… me demanda-t-il.

— Es-tu fou… Je veux empêcher Krishna de faire tuer une chèvre. Nous n'allons pas lui donner de l'argent pour cela n'est-ce pas ?… Mais ne le lui dis pas. Au contraire, dis-lui que je vais m'informer. Qu'on ne me trompera pas, moi, et qu'ensuite, je lui donnerai l'argent qui lui sera nécessaire. Qu'il se tienne tranquille en attendant et s'il rencontre ce Malla qu'il le fasse patienter en lui disant qu'il espère avoir bientôt les dix roupies. Krishna ne doit point parler de moi à cet homme. S'il le faisait, je le saurais et au lieu de lui donner de l'argent je le chasserais.

— Bien, je le lui dirai. Mais que voulez-vous faire ?

— Je n'en sais absolument rien. Je verrai. D'abord, toi, tu iras dans le voisinage de ce Malla et tu tâcheras de savoir qui il est et qui sont les amis dont il a parlé.

— Très bien.

Peut-être, pensais-je, n'y avait-il dans tout cela rien de plus qu'un vulgaire chenapan. Mais si les amis dont il avait parlé existaient réellement, ils devaient être des tantrikas ou des sorciers de bas étage qu'il pouvait être curieux de voir à l'œuvre.

Je donnai congé à Passang pour le lendemain. Il emploierait son temps libre à sermonner le sweeper et à tâcher de recueillir les renseignements concernant Malla. Auparavant, je l'envoyai dire à Singh que j'étais disposée à aller à Patan le lendemain ; si le disciple du sage gourou le voulait bien, je serais heureuse de le voir le surlendemain.

Patan est une moins grande ville que Bhatgaon. On me dit qu'elle compte, pourtant, plus de vingt mille habitants.

Que de porcs dans les faubourgs que l'on traverse pour arriver au centre de la ville ! Ils courent en groupes serrés devant les pieds de nos chevaux, grognant, poussant des cris aigus, se bousculant, nous empêchant d'avancer. Et quelle saleté ! Tas d'ordures amoncelées, eaux croupissantes… et le reste, comme partout au Népal. Des enfants grouillent parmi les immondices, mêlés aux pourceaux. La petite vérole : la déesse Sîtalâ est proéminente. Les petits qui pataugent dans la boue ont le visage couvert de boutons et de croûtes noircies.

Patan, Lalit Pâtân comme elle s'appelait au temps de sa splendeur, a été la capitale des rois newars. En 1768 elle fut conquise par les Gourkhas qui s'y conduisirent en vainqueurs féroces. Non seulement ils pillèrent la ville mais ils massacrèrent la plupart des familles nobles. Quant aux manants, beaucoup d'entre eux eurent le nez coupé. Ce genre de mutilation semble avoir été largement pratiqué par les conquérants Gourkhas. Tout près de Katmandou est un bourg, situé au sommet d'une colline, qui résista longtemps à l'assaut des Gourkhas. Quand, en 1765, les envahisseurs s'emparèrent de la place, il firent couper le nez et les lèvres de tous les hommes et de tous les garçons de plus de dix ans qui s'y trouvaient. Ils imposèrent, aussi, à la localité, le nom de Naskatpour, c'est-à-dire : « Ville des nez coupés ». De nos jours, la petite ville a rejeté cette dénomination humiliante et s'appelle Kiatipour.

L'on retrouve à Patan les mêmes édifices aux façades surchargées d'ornements en bois, en cuivre, en plâtre et enluminées en teintes vives, que l'on voit à Bhatgaon.

Sylvain Lévi, l'éminent sanscritiste français qui

séjourna à plusieurs reprises au Népal et s'y livra à une chasse si fructueuse aux anciens textes sanscrits considérés comme perdus, s'enthousiasma pour Patan.

« La place du Durbar, écrit-il, est une merveille qui défie la description ; sous la vive clarté d'un ciel qui n'éblouit pas, le palais royal étale sa façade ouvragée, sculptée, bariolée à plaisir, où les ors, les bleus, les rouges éclairent le ton sombre des boiseries ; vis-à-vis, comme enfanté par un caprice d'artiste, s'élève un monde de pierres rayonnant de blancheur, piliers que couronnent des images de bronze, colonnades ajourées, temples de rêve, légers et frêles, sous la garde de chimères et de griffons. »

Une des particularités de Patan, comme aussi de Bhatgaon, c'est le nombre de piliers supportant des figures de bronze ou de cuivre doré. L'on voit, ainsi, siégeant dans l'air, des garoudas, des makaras (l'aigle et le monstre marin mythologiques de l'Inde), des lions fantastiques, des éléphants, des paons et, je l'ai déjà signalé, jusqu'à des rats, l'animal consacré au Dieu Ganêsha. Parmi ces spécimens zoologiques, des héros de l'histoire népalaise et des dieux trônent, haut juchés, eux aussi, sur des colonnes.

L'impression produite par cette armée de stylites est étrange. Il semble que l'on voie les apprêts d'une procession et que, soudain, des porteurs vont surgir qui saisiront colonnes et piliers et se mettront en marche, les uns derrière les autres, promenant les bêtes symboliques, les rois des siècles passés et les déités qui sont de tous les temps, sous les physionomies diverses que leur imposent les hommes leurs créateurs et leurs esclaves.

Tandis que je visitais Patan, Passang avait joué au détective de roman policier. Sous une apparence un peu lourde, mon jeune Tibétain ne manquait pas de finesse[1]. Il me fit son rapport du ton goguenard et satisfait de quelqu'un qui estime avoir habilement mystifié ses adversaires.

— J'ai commencé, me dit Passang, par me faire indiquer par Krishna la demeure de Malla. Il me l'a montrée de loin. C'est une hutte située à l'écart, hors de la route, dans les champs. Tout à côté d'elle il y a une autre hutte du même genre. Je n'y suis pas allé. Il fallait d'abord savoir quel genre d'individu était ce Malla. J'ai flâné sur la route, il y a là quelques petites boutiques. J'y ai demandé si l'on connaissait un homme appelé Malla. Il ne paraît pas être très connu, pourtant quelques-uns me dirent : « C'est un paysan qui a eu une querelle à propos de cochons. »

Cela n'était pas un renseignement intéressant et les boutiquiers ne paraissaient pas avoir autre chose a me raconter.

À l'extrémité de la rangée des boutiques un homme vendait des fruits et du lait. Je m'assis sur un banc devant son échoppe et demandai à boire du lait. Puis je risquai la question : « Connaissez-vous un certain Malla qui demeure par ici ? »

Ah ! quel effet ma question produisit. Le laitier bondit comme une bête furieuse. « Malla ! le misérable ! le voleur ! le bandit ! »

« Qu'a-t-il donc fait ? » demandais-je. Et pour inspirer de la confiance au laitier, je lui dis : « J'avais quelque idée que ce Malla était un malhonnête homme… Il doit de l'argent à un de mes amis. »

« Et vous êtes venu pour le lui réclamer ? Eh ! bien, votre ami ne reverra jamais son argent. Ce Malla est un malfaiteur, un criminel… Il devrait être torturé… »

1. Il prouva son habileté par la suite. Bien qu'il n'eût qu'une instruction élémentaire il parvint, après m'avoir quittée, à entrer dans le professorat et lorsqu'il mourut, encore jeune, il était instituteur en chef dans une école anglo-tibétaine.

Interrogé par mon «détective» concernant les méfaits commis par Malla, le laitier lui avait raconté une histoire saugrenue dans laquelle déesse, dieu, ivrognes et pourceaux jouaient des rôles.

Malla vit avec son frère, il a deux femmes, son frère n'en a qu'une. Ils ont des enfants. Tous sont ivrognes. Certaines nuits Malla reçoit des amis et ils boivent ensemble jusqu'à être ivres morts.

Le frère du laitier, un paysan, habite une maisonnette voisine de celle de Malla. Il cultive des légumes. Il y a quelque temps lorsque tous ont été ivres chez Malla, ils ont laissé ouverte la porte de l'enclos où ils enferment les cochons pendant la nuit. Ceux-ci ont fourragé dans le jardin du paysan, mangé ses courges, tout détruit.

Le matin suivant, voyant le dégât, le paysan a couru chez Malla, tous dormaient encore par l'effet de la boisson. Le frère du laitier a saisi les pourceaux, il voulait les garder pour compenser sa perte.

Quand Malla et les siens ont repris conscience ils ont cherché les pourceaux. Ils sont allés chez leur voisin pour les reprendre... Le paysan a refusé de les rendre... Les hommes se sont battus... Pendant la bagarre, les cochons se sont sauvés. On ne sait pas qui s'en est emparé, mais ils ont disparu.

Le paysan n'a plus rien pour le dédommager de la perte de ses légumes et Malla l'accuse d'avoir volé ses bêtes.

— Ce n'est pas tout, ce n'est pas tout! Le plus drôle vient! s'exclama Passang, en étant arrivé là de son histoire.

En effet, la suite de l'histoire était beaucoup plus comique et elle nous touchait de près, Passang devant y jouer un rôle.

Le paysan, dont le jardin avait été ravagé, voulait à défaut d'indemnité, savourer, au moins, le plaisir de la vengeance.

Lui, aussi, donnait dans la sorcellerie. Les sorciers pullulent au Népal. Il avait un dieu caché dans sa cabane ; il l'enverrait détruire la récolte de Malla.

Cette information avait fait dresser l'oreille à Passang, elle lui offrait la possibilité d'en venir à l'adoration de la déesse, le prétexte mis en avant par Malla pour extorquer dix roupies à mon sweeper.

« Ton frère a un dieu chez lui, avait répliqué Passang au laitier, mais Malla a, chez lui, une puissante déesse. Elle lui accorde tout ce qu'il lui demande. Pour cela il n'a qu'à célébrer un certain *pûja*[1] très agréable à cette déesse. Prends donc garde, la déesse de Malla pourrait être plus forte que le dieu de ton frère et, alors, au lieu d'être vengé, ton frère subirait encore plus de mal. »

Le laitier, décidément très rusé, connaissait un moyen d'éviter ce danger. Il fallait que Malla se rende odieux à la déesse. Alors, au lieu de l'aider, elle exercerait son pouvoir contre lui.

Et comment cela se ferait-il ?

En souillant le pûja de Malla.

Je dois expliquer ici que le projet du vindicatif laitier se basait sur une superstition hindoue.

Les pûjas doivent être célébrés selon des formes prescrites. La moindre erreur dans la récitation des formules d'invocation ou dans l'arrangement des offrandes peut avoir des conséquences funestes pour l'officiant. Plus encore, dans les pûjas des cultes secrets, les déités auxquelles ces pûjas s'adressent ne souffrent ni la présence d'un non-initié pendant la célébration des rites, ni un regard, jeté par un de ceux-ci, sur le *mandala* ou le *yantra*[2] qui figurent la déité.

1. *Pûja* signifie « adoration ». L'on désigne communément par ce nom toutes les cérémonies du culte s'adressant à des déités. Prononcer *poûdja.*

2. Dessins symboliques.

En règle stricte, seuls les brahmines sont qualifiés pour officier en qualité de *pûjari*[1]. Les membres des autres castes doivent avoir recours à leurs services quand ils désirent faire célébrer un pûja pour leur bénéfice.

Néanmoins, des gens de basse classe, des indigènes, non-Indiens des Himalayas, comme l'étaient, probablement, Malla et le laitier son ennemi, devaient pratiquer une sorte de tantrisme mêlé de chamanisme qui n'exigeait point la qualité de brahmine pour officier. Il était même presque certain qu'un pur brahmine n'aurait pas consenti à entrer dans les demeures de ces individus. Les pourceaux qu'ils gardaient et, vraisemblablement, qu'ils mangeaient, suffisaient à les désigner comme étrangers à l'hindouisme orthodoxe.

Le laitier avait donc imaginé de faire assister Passang et son « ami » au prochain pûja que Malla célébrerait. Il devait avoir lieu, comme chaque mois, pendant la nuit où la lune est à son point le plus sombre. Il se chargeait d'aider Passang et son « ami » à se cacher dans le grenier à foin au-dessus de la chambre où Malla et ses hôtes se réuniraient. Ils pourraient, de là, voir ce qui se passerait en regardant par les intervalles existant entre les solives ; leur présence et leurs regards pollueraient le pûja.

Et pourquoi le paysan qui avait à se venger et son frère le laitier n'allaient-ils pas eux-mêmes regarder le pûja secret et le polluer par leur présence profane ?…

Ils craignaient probablement la déesse de Malla ; mais le coquin qui voulait enrôler Passang pour le service de la vengeance fraternelle se gardait bien de l'avouer. Il expliquait que comme eux, aussi, adoraient les déesses de l'Inde, celle de Malla ne s'irriterait peut-être pas autant s'ils voyaient le pûja que

1. *Pûjari*, celui qui officie pendant le pûja.

si les intrus étaient des Tibétains qui n'adorent pas les déesses.

Ce qu'il ne disait pas — mais que, très certainement, il pensait — c'était que s'il y avait du danger à craindre du fait de la colère de la déesse, il préférait que ce soient les deux Tibétains qui l'affrontent.

Mais pourquoi Passang devait-il contribuer à assurer la vengeance d'un maraîcher qu'il ne connaissait pas ?

Le drôle avait réponse à tout. L'ami de Passang n'avait-il pas été volé par Malla ?... N'aimerait-il pas se venger du voleur ?... Et puis, le paysan-sorcier implorerait son dieu... Certainement, le dieu forcerait Malla à rendre l'argent qu'il avait soi-disant emprunté.

Que de complications ! que de sottises ! J'ai souvent remarqué que plus est bas le niveau de l'intelligence et de l'éducation d'un individu, plus son esprit se plaît aux embrouillements de ruses.

Que ressortait-il de tout cela pour moi ?

— Vous aimez à voir des sorcelleries, me dit Passang.

Évidemment, il y avait peut-être quelque chose d'intéressant à noter chez ces misérables. Passang m'en rendrait compte, au besoin. Mais les autres voudraient voir son « ami »...

— L'ami ce sera vous, dit Passang l'air étonné de ce que je n'aie pas encore compris.

— Je ne suis pas un garçon tibétain.

— Vous en serez un.

La plaisanterie me paraissait un peu forte, mais après deux minutes de réflexion je n'en vis plus que le côté amusant.

Passang tout en riant m'encourageait.

— Vous en avez fait bien d'autres, me disait-il.

Il avait raison. D'ailleurs, je ne pouvais aller là

qu'en cachette ; mes gardes du corps ne me permettraient pas une escapade nocturne.

J'acceptai donc de jouer le rôle de l'« ami » de Passang. Je mettrais une de ces robes tibétaines, si volumineuses qu'on ne distingue pas la forme du corps qu'elles enveloppent. Mes cheveux longs formeraient une queue à la chinoise, un genre de coiffure usitée au Tibet. J'aurais un chapeau orné d'un galon doré. Je le garderais sur la tête, ce qui est la coutume au Tibet. Passang achèterait pour moi un anneau pour suspendre à mon oreille droite et une bague d'homme pour mettre à mon pouce.

C'était burlesque, toutefois, pendant une nuit très noire, nous pouvions risquer l'équipée.

Le couvre-feu était de règle quotidienne dans la ville ; il était défendu d'y circuler après la tombée de la nuit, mais mon pavillon était en dehors de l'agglomération, à la lisière des champs et notre route passait à travers la campagne.

Néanmoins, je confesse que je n'en menais pas large lorsque, quelques jours plus tard, je partis, travestie, avec Passang, dans les ténèbres.

Le paysan-sorcier était prévenu et nous attendait caché dans les buissons, au bord de la route, pour nous guider jusque chez lui.

Quelle masure sordide que sa demeure !

Dans un coin de son unique chambre une petite lampe en terre cuite, posée par terre, éclairait une pierre dressée ; devant celle-ci gisait le corps d'un coq qui avait été sacrifié.

Sans doute, l'effigie du dieu que le paysan adorait était-elle gravée sur la pierre. Je dis, en tibétain, à Passang de s'informer de son nom et de sa forme.

Le dieu n'avait pas de nom que l'on puisse prononcer. La pierre était unie, sans aucune effigie. Le dieu était incorporé en elle. Elle était le dieu.

Cette réponse me rappelait celle que m'avait faite

un Hindou à qui je parlai du « symbole » qu'était le *lingam*[1] de Shiva.

— Ce sont les étrangers qui parlent de symbole, me dit-il. Pour nous, le lingam est Shiva lui-même.

Cette conception n'est point ridicule, comme elle peut le paraître. Pour la comprendre il faut savoir que ce que les Hindous entendent par un dieu ne ressemblent en rien à l'idée sémitique d'un dieu qui est une personnalité[2].

— J'ai commencé à implorer le dieu pour vous, me dit le sorcier, s'adressant à moi. Votre argent vous sera rendu.

Je me contentai de pousser quelques hum ! hum ! peu compromettants et Passang s'empressa de déclarer que je ne comprenais que le tibétain.

Le bonhomme se recommanda alors à lui. Il ne suffisait pas que je l'aide à se venger, le coquin réclamait une gratification pour son intercession auprès de son dieu. Passang lui promit, en mon nom, cinq roupies s'il ne nous arrivait aucun ennui.

Le paysan nous fit, alors, sortir. Son frère le laitier nous informa que le chien de Malla avait été drogué à l'aide d'une boulette contenant un soporifique et n'était pas à craindre. Il écouta un instant. On n'entendait rien. Il se glissa jusqu'à l'autre bout de la maison, écouta encore, revint et fit un signe au sorcier qui dressa silencieusement une échelle contre le mur. Nous montâmes lentement et, par l'ouverture servant à emmagasiner le foin, nous nous glissâmes à plat ventre sous le toit de chaume du grenier. Il n'y

1. *Lingam*, nom indien du phallus. Il représente le dieu Shiva.

2. L'idole ou la pierre qui reçoit le culte est « animée » par le rite de prâna pratishtâ au cours duquel la force vitale d'un officiant ou d'une congrégation de fidèles est versée en elle. Elle devient ainsi, une sorte d'accumulateur chargé d'où l'on peut, ensuite, soutirer une force effective. Une explication détaillée ne peut trouver place ici.

avait pas moyen de se tenir debout, le toit était trop bas et nous n'étions pas sûrs de la solidité du plancher. L'obscurité était complète ; nous restâmes couchés sans bouger, attendant...

Au bout de quelque temps une lueur filtra entre les planches posées sur les solives. Bien que la distance entre elles ne fût pas très grande, elle était suffisante pour nous permettre d'observer ce qui se passait au-dessous de nous.

La demeure de Malla était moins misérable que celle de son voisin. Elle comprenait au moins une autre pièce en plus de celle au-dessus de laquelle nous étions juchés. C'était de cette seconde pièce, dont la porte venait de s'ouvrir, que provenait la faible clarté que nous voyions.

Par cette porte entrèrent, se suivant par couples, cinq hommes et cinq femmes. La femme qui marchait en tête portait une petite lampe. La procession s'avança lentement vers un cercle formé par des escabeaux très bas. Au milieu de ce cercle se trouvait une grande jarre et, devant la jarre, un piquet était planté dans le sol de terre battue. La femme déposa la lampe sur un escabeau plus haut que les autres faisant office de table. Il était enguirlandé de soucis, de jasmins et d'une autre fleur rouge et placé entre la jarre et le piquet.

Je n'apercevais rien d'autre dans la pièce : aucune idole.

Les dix individus assis sur les escabeaux — les sexes alternant, un homme, une femme ; un homme, une femme et ainsi de suite — murmurèrent à voix basse, et pendant longtemps, ce qui semblait être une répétition de syllabes séparées plutôt que des phrases formant un sens.

Puis, deux des hommes retournèrent dans la chambre d'où je les avais vus sortir. J'entendis un bêlement qui me fit deviner ce qui allait se passer.

Les deux hommes entraînèrent une chèvre près du piquet et l'y attachèrent par les cornes. Alors l'un d'eux la souleva par les pattes de derrière en tirant celles-ci vers lui de sorte que le cou de la pauvre bête fut étendu et l'autre d'un seul coup de son *koukri*[1] lui trancha la tête.

Immédiatement, les assistants se précipitèrent sur la victime, plongèrent leurs doigts dans le sang jaillissant et s'en firent des marques sur le visage.

La jarre fut aussi barbouillée de sang.

Un homme planta la tête de la chèvre sur le piquet et la femme qui avait déposé la lampe sur la table la reprit et la plaça sur la tête de la victime, entre les cornes.

Puis tous recommencèrent leur inintelligible, sourde, litanie.

Je comprenais que ce qui avait lieu était une imitation rudimentaire et grossière du *tchakra* (le cercle), le culte tantrique de Shakti : la Déesse.

Des femmes se levèrent, passèrent dans la pièce voisine et en revinrent portant des feuilles vertes qu'elles arrangèrent sur le sol en guise de nappe et, sur celle-ci, elles posèrent des plats contenant du riz et divers mets.

À part le riz, visible à cause de sa blancheur, je ne pouvais pas distinguer ce que contenaient les autres plats, mais je le devinais. Ce devaient être les éléments rituels du culte[2]. Viande et poisson faisant trois avec le riz, quatre avec l'alcool que l'on puiserait dans la jarre… Quant au cinquième des cinq éléments essentiels du pûja je le connaissais et, pour

1. *Koukri*, un sabre recourbé, très court et à lame épaisse et lourde.

2. Les *tantrikas* donnent aux éléments indispensables de ce rite le nom de « Cinq M » parce que leurs noms sanscrits commencent tous par M : *Mângsa*, viande, *Matsya*, poisson, *Moudrâ*, grain séché, *Madya*, vin, *Maithuna*, union sexuelle.

cette raison, je me sentais mal à l'aise à cause de Passang. Il n'avait jamais ouï que pareille sorte d'office religieux existât. Il n'était plus un enfant… tout de même j'étais ennuyée qu'il fût là.

Le cinquième élément essentiel du rite est maithuna, l'union sexuelle accomplie avec une femme qui, à ce moment, est considérée comme étant la Déesse elle-même à qui l'adorateur offre le sacrifice de lui-même.

Cependant, alors que ces gens se trouvaient assis juste au-dessous de notre grenier, nous ne pouvions songer à bouger, au risque de faire du bruit, avant qu'ils fussent assez pris de boisson pour ne pas nous entendre.

Les fidèles mangeaient de bon appétit, mais en silence. Ils buvaient de meilleur cœur encore. On puisait à même la jarre, on puisait encore. Le rythme avec lequel les gobelets se remplissaient et se vidaient allait en s'accélérant.

Ces manants justifiaient le dicton courant dans l'Inde : « Certains boivent pour célébrer le rite ; d'autres célèbrent le rite pour boire. » Ils appartenaient à la seconde catégorie.

Ils avaient cessé de bâfrer ; de temps en temps seulement, l'un ou l'autre allongeait la main, saisissait la valeur d'une bouchée, la mastiquait paresseusement et se remettait à boire.

Le corps décapité de la chèvre gisait dans une flaque de sang près de la nappe de feuillage ; la flamme de la petite lampe commençait à vaciller entre les cornes de la tête plantée sur le piquet… L'odeur du sang, de la nourriture et de l'alcool empestait l'air.

Les fidèles ne bourdonnaient plus ; ils demeuraient muets, affaissés sur leurs escabeaux. L'un d'eux perdit l'équilibre et tomba de son siège, la femme placée près de lui lui tendit un gobelet qu'il vida sans se relever. Un autre chancela et s'abattit comme il se dirigeait vers la jarre. Quelques-uns résistaient encore et continuaient à boire en tenant leur voisine enlacée… Cela durait… Le temps me paraissait inimaginablement long. J'avais vu et il me tardait de quitter ce lieu infect.

Tout à coup, la lampe s'éteignit. Un bruit d'escabeaux renversés, de piétinements, de hoquets d'ivrognes, de halètements, de sourds grognements bestiaux s'éleva dans les ténèbres ; l'orgie abjecte commençait.

Je tirai la robe de Passang, il tira la mienne en réponse et je sentis qu'il se glissait à reculons, en rampant, vers le trou par où nous nous étions faufilés sous le toit.

Il retrouva assez facilement l'échelle demeurée debout. Je me glissai après lui ; il descendit le premier et maintint l'échelle tandis que je descendais moi-même.

— Vas donner dix roupies au sorcier, dis-je au boy. Je ne me soucie pas de retourner chez lui. Qu'il nous accompagne seulement jusqu'à la route.

Nous rentrâmes, sans incidents, un peu avant le lever du jour.

CHAPITRE IV

Dans l'intervalle entre ma visite de Patan et mon escapade nocturne chez Malla, le disciple du gourou yoguin était venu me voir.

Le « disciple » est un brahmine du Cachemire. Comme un assez grand nombre de ses compatriotes, il a le teint blanc et des yeux d'un bleu-gris. On le prendrait volontiers pour un Scandinave.

Il a séjourné en Amérique et dans plusieurs pays de l'Europe. Ainsi qu'à beaucoup d'Asiatiques, la civilisation occidentale lui a déplu. Suivant son expression : elle est « répugnante ». Par réaction, tandis qu'il demeurait à l'étranger, un vif enthousiasme s'est allumé en lui pour l'Inde, pour sa haute philosophie, pour l'altière renonciation du sannyâsin, à laquelle elle conduit.

« Je rejette ce monde. Je rejette le monde des ancêtres. Je rejette le monde des dieux. » Telle est la formule de la triple renonciation que prononce le sannyâsin.

Le monde des ancêtres c'est la survie dans la mémoire des vivants que l'on a quittés, la gloire posthume, ce sont aussi les champs Élysées des Grecs exprimés à la mode hindoue, des limbes où subsistent les défunts dans l'attente de leur réincarnation.

Ces trois états sont les meilleurs de ceux auxquels les êtres peuvent accéder.

Mais certains méprisent ce « meilleur »... Alors ils prononcent la formule du rejet total, revêtent le vêtement couleur d'aurore et sont considérés comme libérés des liens de famille, de caste, de patrie, libérés de toute loi ; tenus pour être en dehors de tout.

Nulle émotion sentimentale n'accompagne cette renonciation. Le sannyâsin sort, impassible et fier, du monde qui, suivant l'expression de certains textes hindous, est un « monceau d'immondices[1] ».

Ce brahmine du Cachemire avait, au cours de ses pérégrinations, vu le monde sous cet aspect déplaisant et il était revenu dans l'Inde pour y devenir sannyâsin. S'il avait été mieux avisé il s'y fût immédiatement créé une retraite et y eût vécu seul avec quelques textes sanscrits, de ceux qui fournissent un aliment à la méditation pour plus longtemps que la durée d'une vie humaine. Mais il eut la malencontreuse idée de vouloir visiter quelques-uns des sages en renom de son pays. D'après ce qu'il me dit le résultat fut une série de déceptions. Ces hommes respectables n'atteignaient pas le niveau qu'il leur avait assigné dans son esprit. Ses rêves s'étaient-ils élevés trop haut ? Je soupçonnais autre chose. Cet Hindou s'était, inconsciemment, occidentalisé durant les années qu'il avait passées à l'étranger. Il voyait maintenant, à travers des lunettes que son contact avec l'Occident avait teintées, le portrait du sage dessiné dans les Livres sacrés de l'Inde. Les sages qu'il cherchait après les avoir imaginés comme un mélange de la haute spiritualité indienne et de la

1. On attribue à Valdo, fondateur de la secte des Vaudois, XIIe siècle, une déclaration empreinte d'un esprit analogue : « Le monde est une charogne et ceux qui s'y attachent sont des chiens. »

lucide raison occidentale n'existaient pas dans l'Inde, n'existaient peut-être nulle part.

Du yoguin, son dernier maître, celui que je désirais voir, il me dit avec l'accent d'un profond respect : « C'est un saint. »

La sainteté ne lui suffisait point. Il me confia qu'il envisageait de quitter l'Inde et d'aller s'établir en Suisse. Il y achèterait une propriété dans un site agréable du Tessin où la température douce conviendrait à son tempérament d'Indien et il vivrait là, absolument solitaire.

Singulier aboutissement du pèlerinage philosophique d'un Indien. Singulier, mais non pas déraisonnable.

En plus du plaisir que je pris à la conversation très érudite de mon visiteur, j'eus celui d'apprendre de lui une bonne nouvelle. Le grand yoguin dont Singh m'avait parlé voulait bien me rencontrer au temple de Pachoupati si je m'y rendais dans trois jours. La chose était aisée. Je promis d'arriver au temple dans la matinée et d'y demeurer aussi longtemps qu'il plairait à Shivânanda. C'était le nom du yoguin. Singh ne l'avait point nommé, c'est là, parfois, une marque de respect. Mon visiteur m'apprit, aussi, que lui-même s'appelait Râmânanda. C'était son nom religieux, par discrétion, je ne lui demandai pas son nom laïque.

Pachoupati est un des noms du Grand Dieu : Shiva. Littéralement, en sanscrit, Pachoupati signifie « Seigneur des bêtes » car pachou veut dire un animal. Toutefois, une signification, plus polie pour nous, est proposée. Elle est basée sur la racine *pach* sur laquelle le mot pachou s'appuie et pach a le sens de « lié ». Selon cette interprétation, Shiva Pachoupati est le seigneur, le maître de ceux qui sont « liés » à la ronde des morts et des renaissances continuelles, en somme, de tous les êtres qui n'ont pas atteint l'illumination spirituelle.

Le lieu, dédié à Shiva, qui porte le nom de Pachoupatinath n'est pas un temple isolé, mais une gorge dans laquelle coule la Bâgmatî le long de laquelle de nombreux temples ont été érigés.

L'endroit où s'élèvent les temples actuels a été considéré comme sacré depuis des temps très anciens et d'autres temples tombés en ruine, dont les débris ont été dispersés ont précédé les bâtiments actuels. La réparation d'un ancien temple et l'érection de nouvelles constructions datent du XVIIe siècle et sont l'œuvre d'un Râjâh appelé Pratapa Malla qui a frappé une monnaie et y a inscrit son nom avec le titre de poète (Kavîndra).

Le motif qui porta ce Râjâh à cet acte de piété est assez curieux. Ce luxurieux souverain dont le harem abritait, est-il dit, trois mille concubines, viola une fillette impubère et celle-ci mourut des suites de l'attentat. Alors, le libertin comprit la grandeur de son crime. Pour l'expier, il fit une retraite de trois mois à Pachoupatinath et s'y occupa à agrandir et à embellir les sanctuaires et à les doter généreusement en y attachant des terres dont les revenus serviraient au service du culte.

Le site est l'un des plus impressionnants que j'ai contemplés au cours de mes voyages.

L'étroitesse de la gorge et les bois épais qui encadrent le lit resserré de la rivière rendent l'endroit sombre, presque sinistre. Le nom de « vallée de l'Ombre » qui lui a été donné est pleinement justifié. L'atmosphère y est tout imprégnée de cette terreur sacrée spéciale qui émane des lieux où Shiva règne. Dans les bois voisins, des huttes et des cavernes abritent des ascètes adonnés à la contemplation ou à des exercices particuliers d'entraînement yoguique.

Du haut de leur ermitage, ils peuvent, si bon leur

semble, épier les fidèles qui vaquent à leurs dévotions au bord de la rivière et savourer l'orgueilleuse satisfaction d'être, eux, libérés des croyances vulgaires de cette plèbe religieuse.

Shivânanda le gourou de Râmânanda et de Sing avait là, sous un roc, une demeure que — irrévérencieusement peut-être — je qualifierai de « pied-à-terre », car le yoguin n'y venait que de temps en temps. Sa résidence était ailleurs, plus loin, dans les montagnes… On ne me dit pas où et je compris que je ne devais pas insister pour être mieux renseignée.

Non loin du temple est le village de Pachoupati, agglomération de maisons sordides séparées par des ruelles à demi bloquées par des tas d'immondices et où grouillent de nombreux pourceaux. Du village on peut gagner le temple à travers bois et parvenir aux pentes habitées par les ermites sans passer par le temple lui-même. C'est sur cette disposition des lieux que Shivânanda et Râmânanda le Cachemiri avaient compté pour m'amener jusqu'au « pied-à-terre » où nous pourrions causer. L'accès du temple est, bien entendu, interdit aux impurs étrangers.

Comme tous les sanctuaires célèbres, Pachoupati est le sujet de beaucoup de légendes. Celle qui se rapporte à sa fondation n'a rien d'original, elle reproduit un thème fréquent dans les contes hindous.

L'endroit où le temple s'élève aujourd'hui servait autrefois de pâturage. Un fermier y envoyait ses vaches. Chose singulière, lorsque venait le moment de les traire, elles n'avaient point de lait. Le fermier demanda des explications à son bouvier et l'accusa de traire les bêtes à son profit et le bouvier à son tour soupçonna qu'un larron, se cachant dans les bois, volait le lait des vaches. Désireux de prouver son innocence en s'emparant du voleur, le bouvier fit le guet. Que vit-il ? À son grand étonnement il vit que les vaches en passant à un certain endroit laissaient couler leur lait sur la terre. Le fermier fut à son tour témoin du même phénomène. On creusa à cet endroit et, sous la terre, on découvrit un lingam[1]. Les objets découverts dans des circonstances de ce genre passent pour s'être formés d'eux-mêmes miraculeusement.

Le lingam, représentation de Shiva ou — comme je l'ai déjà signalé — étant tenu pour être le dieu lui-même fut placé dans un temple construit en son honneur. C'est ce lingam qui est adoré, de nos jours, à Pachoupatinath.

Cette légende, la plus courante, n'est qu'une de celles qui sont attachées à Pachoupatinath. Une autre parle d'une lumière ensevelie sous des ruines. Cette « lumière » paraît faire double emploi avec celle de Swayambhou, les chroniques sont confuses sur ce point. L'histoire d'une vache qui arrose un endroit avec son lait est la même que dans la légende précédente, mais le résultat de l'excavation pratiquée est différent. C'est une flamme qui surgit de la terre et cette flamme consume l'homme qui a creusé le sol.

Je ne sais si j'ai sujet de m'attrister ou de me réjouir des circonstances véritablement exceptionnelles dans lesquelles s'accomplit ma visite à Pachoupati. D'un côté l'effervescence que j'y rencontrai nuisit à l'aspect habituel de calme qui règne dans la « vallée de l'Ombre ». De l'autre, cette effervescence me valut que mes gardes du corps se départirent de leur surveillance et que je pus franchir les limites des lieux interdits.

1. Dans une note précédente j'ai déjà dit que le lingam est l'organe du sexe masculin : un phallus. Il faut se garder de voir rien d'érotique dans le choix de ce symbole. Pour les Hindous il est terrible. Shiva est le dieu de la destruction. Il nous est rappelé que toute vie qui surgit est vouée à la destruction.

Qu'était-il arrivé ? Un drame ou l'illusion d'un drame, ce qui est la même chose pour les foules.

J'ai signalé dans plusieurs de mes livres précédents[1] la croyance courante dans les régions montagneuses du Tibet et des Himalayas en des êtres à demi humains qui hantent les forêts et les hautes cimes désertes. Les histoires de « migueu », les hommes sauvages, y sont innombrables. Il ne manque pas de gens qui prétendent en avoir entrevus. Généralement, ces êtres sont dépeints comme étant d'une taille gigantesque et considérés comme des démons.

Or, voici qu'un de ces monstres avait été signalé autour de Pachoupati. Des traces du passage d'un être puissant se voyaient dans les bois : arbres brisés, broussailles piétinées et un des ascètes avait disparu, laissant un lambeau de son vêtement orange accroché à un buisson épineux.

Les commentaires allaient leur train. Diverses opinions circulaient. D'après la croyance générale, les animaux sauvages n'attaquent point les sannyâsins. Il ne s'agissait donc point d'une bête féroce ; certains insinuaient que l'ascète avait été emporté par un Bhairava, un des demi-dieux qui composent la cour de Shiva. Ces Bhairavas hantaient Pachoupati, le séjour de leur seigneur et le bord de la Bâgmatî coulant dans la gorge sombre. Ils s'y délectaient de l'odeur des bûchers sur lesquels brûlaient les corps des fidèles venus à Pachoupati pour mourir saintement. Ils rôdaient autour des moribonds étendus sur les dalles du quai, la moitié de leur corps immergée dans l'eau[2] de la Bâgmatî aussi sacrée, à cette place, que le Gange à Bénarès.

1. « Mystiques et magiciens du Tibet », in *À l'ouest barbare de la vaste Chine*, Plon, 1981 *(N.d.É.)*.

2. Mourir à demi plongé dans l'eau des rivières sacrées passe pour assurer le salut *post mortem* des fidèles. Tandis que le malade agonise, on prépare son bûcher à côté de lui.

Bhairava, homme sauvage, demi-bête, ou animal féroce d'une espèce étrange, quel qu'il ait pu être, le monstre avait saisi l'ermite. De cela nul ne doutait parmi ceux dont les bavardages animés troublaient le silence solennel de la vallée de l'Ombre. La terreur régnait. Mes gardes du corps m'ayant vue rejointe par le brahmine sannyâsin Râmânanda qui leur avait déclaré qu'il me conduisait auprès de son gourou, dans le bois, hors du temple, m'avaient aisément laissée à sa garde, désireux de recueillir ce qui se disait concernant l'événement mystérieux qui produisait un si vif émoi.

Je trouvai Shivânanda assis sur une natte sous un rocher formant abri. C'était un vieillard d'âge incertain, mais certainement très avancé. Sa physionomie respirait un calme profond, un complet détachement. Ce qu'il me dit en très peu de mots, laissant de longs silences entre ses phrases, était empreint d'une singulière sagesse ; une sagesse qui ne vise pas à être sage. Cet homme donnait l'impression d'être installé dans l'immobilité, dans l'éternité.

D'un regard, sans une parole, il avait congédié Râma et quand celui-ci se fut éloigné le vieux gourou me dit : « Râma n'a pas trouvé l'Inde telle qu'il l'avait rêvée pendant les nombreuses années qu'il a passées à l'étranger. Il veut retourner là-bas. Peu importe. Il n'y a pas d'*ici* et de *là* pour l'esprit. »

Tandis que je demeurai auprès de l'ermite, Passang qui, décidément, n'était pas sot, s'ingéniait à tenir mes gardes du corps occupés par les bavardages de la foule concernant la disparition de l'ascète. De nombreuses hypothèses surgissaient dans les cervelles des bonnes gens. Passang m'en donna, le lendemain, un divertissant reportage.

Écartant décidément l'idée d'une attaque par un fauve les suppositions se concentraient sur les Bhairavas.

Une tradition voulait qu'en des temps très anciens quatre Bhairavas respectivement nommés Nouwâkot, Bhaktpour, Sanga et Panchlinga étaient venus au Népal. À cette époque, l'influence bouddhique prévalait dans le pays et on n'y offrait pas de sacrifices sanglants. Les Bhairavas ne trouvant pas de sang à boire s'irritèrent ; le résultat de leur colère fut diverses épidémies qui accablèrent les Népalais et d'autres maux encore, sur la nature desquels les légendes diffèrent.

Les villageois de Pachoupati et les pèlerins de passage rappelaient avec animation tous les vieux contes gravés dans leur mémoire et discutaient avec ardeur les indications qu'ils pouvaient fournir sur l'événement présent.

L'ermite n'offrait pas de sacrifice aux Bhairavas. Ceux-ci avaient pu le punir en le dévorant... Certains rejetaient cette idée et en revenaient à celle d'un de ces êtres mystérieux ni tout à fait homme, ni tout à fait animal, qui habitent les Himalayas[1].

Aucune de ces hypothèses ne cadrait avec le caractère de sainteté que l'on attribuait à l'ascète disparu et avec la crainte respectueuse que les sannyâsins sont dits inspirer aux êtres malfaisants de toute espèce.

Alors, dans un groupe de bavards, un homme fut frappé d'une illumination subite et, aussitôt, clama à ses voisins ce qu'il avait découvert.

Oui, un Bhairava, serviteur de Shiva, avait bien saisi le saint mais, cela, pour le transporter par ordre du dieu, au mont Kailas, le paradis de Shiva, où l'ermite plein de mérites avait été jugé digne d'entrer.

Cette histoire agréable avait été reçue avec grande joie. Elle rassurait les habitués du temple sur le sort

1. Tout récemment, on a signalé la présence de l'un de ceux-ci dans les forêts de l'Assam, entre l'Inde et le Tibet.

du saint et, en même temps, elle dispersait la terreur qui pesait sur eux, depuis sa disparition. L'être qui rôdait par les bois n'était pas animé d'intentions malveillantes. Il était temps que l'on puisse s'en persuader car le crépuscule venait et la vallée de l'Ombre commençait à s'emplir de réelles ténèbres.

Dès qu'il vit le jour baisser, Râmânanda m'avait proposé de tenter, sous sa conduite, une visite du temple interdit.

Avant que je le quitte le gourou me fit cadeau d'un collier de *roudrâkchas*[1] pour me remercier, disait-il, des fruits que je lui avais apportés ; mais je supposai que son intention était moins banale et le regard avec lequel il me fixa quand il passa le collier à mon cou me confirma dans mon idée.

Les roudrâkchas se détachant sur mon vêtement safran rosé, de la même couleur que celui de Râma, contribuaient à mon déguisement. J'avais relevé un pan de ma longue écharpe sur ma tête, à la manière d'un sari, pour ombrager mon visage. La clarté qui devenait de plus en plus faible ne permettait guère de distinguer mes traits.

Deux bûchers flambaient sur des projectures du quai s'avançant dans la rivière ; un dévot, amené là

1. Les *roudrâkchas* sont des graines d'arbres. Les botanistes donnent à l'arbre qui les produit le nom d'*eleocarpus ganitrus.* Les yoguins shivaïtes portent des colliers de ces graines. Elles sont si profondément sillonnées de lignes qu'on les dirait sculptées. Les graines ont de deux à huit divisions. Celles qui en ont cinq sont, à l'exclusion des autres, employées par les dévots de Shiva. Il existe une espèce minuscule de ces graines, elle est très rare. Un collier fait de ces toutes petites graines, qui m'a été offert par le mahârâjah du Népal, est estimé à une haute valeur par les amateurs de cette curiosité. Infiniment plus rares et considérées comme sacrées, sont les graines qui ne sont marquées que d'une seule ligne. On les nomme : ek-moukhiroudrakhas. On en conservait deux à Pachoupatinath. Roudrâkeha signifie : « l'œil de Roudra ». Roudra est un des noms de Shiva.

pour mourir, gisait, sur les dalles, à demi submergé dans l'eau glaciale et gémissait faiblement.

Quelques pas plus loin, Râmânanda me montra l'endroit où, autrefois, des veuves se faisaient brûler vives avec le cadavre de leur mari.

— Cela ne peut plus se faire, maintenant, n'est-ce pas ?... C'est défendu ?... lui demandai-je.

— Défendu... oui... en principe, répondit-il vaguement.

— Brûlées vives !... c'est épouvantable. C'étaient leurs parents qui les condamnaient à ce supplice ?

— Pas toujours.

— Pas toujours... Alors il y avait des femmes qui choisissaient cette effroyable forme de suicide ?

— C'est l'Inde... dit évasivement mon guide. Et il garda le silence.

Je me demandais si tout au fond de lui un sentiment d'admiration ne subsistait pas pour une coutume qui à nous, Occidentaux, apparaît comme une abominable invention de sauvages. Râmânanda pourrait bien aller habiter une villa au bord du lac Majeur, il resterait indien.

En face de ces scènes funèbres, sur l'autre rive de la Bâgmatî, une rangée d'édifices identiques abritaient, chacun, un *lingam* noir devant lequel brûlait une petite lampe.

Non loin de là, près du pont sur la rivière, était un autre lingam de proportions gigantesques. Il est dit, à son propos, qu'à l'endroit où il s'élève, un puits existait autrefois. En regardant dans ce puits on pouvait voir la forme que l'on aurait et les conditions dans lesquelles on serait placé dans sa prochaine existence. Il semble que la conduite des Népalais, à cette époque, n'était guère vertueuse et qu'en conséquence de celle-ci le genre de renaissance qu'ils se préparaient n'était rien moins qu'agréable. Les curieux qui avaient tenté l'épreuve du puits s'affligeaient grandement. Alors, le prince régnant : Sankara Râjah fit combler le puits et ériger le lingam à sa place.

C'était là imiter l'habitude que l'on prête — faussement d'ailleurs — à l'autruche, de se cacher la tête pour ne pas voir le danger qui la menace. Le râjah aurait pu exhorter ses sujets à se mieux conduire pour éviter de pénibles renaissances. Il n'est pas dit qu'il le fît. Peut-être pensait-il que ses exhortations seraient vaines et jugea-t-il plus opportun de laisser les Népalais marcher en aveugles vers leur destin comme nous le faisons tous[1].

Dans le plus grand temple, le brahmine chapelain procédait à l'*arâti* vespéral, balançant rituellement, devant le Shiva, un lampadaire aux multiples flammes, tandis que résonnait le son rauque des conques et le tintement des cloches. Râmânanda et moi, pieds nus, les paumes des mains jointes, nous tenions debout à l'entrée du sanctuaire. L'atmosphère mystique du lieu se faisait de plus en plus prenante et nous retenait là, immobiles, dominés par la pensée de la ronde perpétuelle, insensée et douloureuse des continuels recommencements, inéluctablement voués à la destruction, que le Shiva symbolisait.

— Vous regretterez cela, dis-je à Râmânanda en désignant le temple où les lumières mouvantes projetaient des ombres fantastiques.

— Oui, peut-être, me répondit-il, comme nous nous en allions, le culte hindou a des côtés ensorcelants ; mais il en a d'autres aussi et de franchement déplaisants, ce sont ceux-là que je fuis. Tous les cultes

1. La tradition place l'érection du lingam à l'époque d'une visite supposée, au Népal, du célèbre philosophe hindou Sankaracharya. Cette visite n'est pas impossible. Sankara a voyagé au Cachemire et est mort an IXe siècle, à Kedarnath, dans les Himalayas, un lieu de pèlerinage qui n'est pas extrêmement éloigné du Népal.

dégénèrent en pitreries ridicules quand les masses y accèdent. De beaux symboles, de beaux gestes ne peuvent être que le privilège d'une élite.

Nous étions sortis des lieux interdits aux étrangers. Passang qui nous cherchait, très inquiet, nous rejoignit.

— Il faut revenir tout de suite, me dit-il. Il va faire nuit dans un instant ; vos gens craignent d'être punis pour vous avoir mal gardée et laissée trop attarder. Je les ai amusés autant que je l'ai pu, mais, maintenant, eux aussi vous cherchent.

Évidemment, je ne pouvais me permettre le luxe de passer la nuit dans les bois comme Râmânanda allait le faire sous l'abri de roc de son gourou.

Avant de le quitter je lui demandai son opinion quant à la disparition du saint ascète.

— Il est parti tout simplement parce qu'il se déplaisait ici, répondit-il. L'espèce de culte que ces imbéciles lui rendaient a dû le lasser. Il s'en sera allé chercher la tranquillité dans quelque coin solitaire où il pourra vivre inconnu. Telle est du moins mon opinion. Dès que la moindre parcelle de sagesse est entrée dans l'esprit d'un homme il aspire à la solitude.

Une journée de repos n'était pas de trop pour méditer les souvenirs que ma visite à Pachoupatinath m'avait laissés et pour écrire mes notes. Je ne pouvais pourtant pas prolonger indéfiniment mon séjour dans la vallée du Népal. J'avais projeté un séjour dans les jungles du Sud : le pays natal du Bouddha et il convenait de l'effectuer tandis que la température y était agréable. Je décidai donc d'aller sans tarder au temple de Vajra Yoguini.

Ce temple est un lieu très sacré et, à certaines époques, les pèlerins s'y rendent en foule. C'est alors une affreuse tuerie, les chèvres sont immolées par centaines et leur sang, découlant des statues sur lesquelles il a été versé, inonde le pavement.

Ce spectacle dégoûtant me fut heureusement épargné ; ce n'en était pas la saison. Tout au plus une ou deux des pierres sculptées représentant Ganêsha avaient-elles été rougies par un sacrifice récent.

Vajra Yoguini est un des noms de la forme terrible de la déesse Târa et Târa, elle-même, est une des formes de Shakti, la *déesse à l'absolu*, dont toutes les déités féminines ne sont que des aspects.

Le symbolisme tantrique est basé sur une philosophie profonde, mais, traduit en religion populaire, il a donné naissance à un culte barbare aux manifestations répugnantes. Les déités que la foule népalaise vénère sont, pour la plupart, l'expression de ce que l'imagination humaine peut concevoir de plus grossièrement cruel.

Des sacrifices humains furent souvent pratiqués au Népal. Un des temples de Pachoupati, dédié à Batchhla Dêvi, en était, annuellement, l'un des théâtres. Les murs de ce temple sont décorés de fresques que nous qualifierions d'obscènes mais qui, pour les Hindous, ont une tout autre signification. L'obscurité, lors de mon escapade à Pachoupati, ne m'en laissa discerner que quelques-unes, elles ressemblaient à celles que l'on retrouve dans nombre de temples du culte tantrique.

Une tradition rapporte que le râjah Viswadéva désapprouvant les sacrifices humains voulut mettre fin à ceux qui étaient offerts à Batchhla Dêvi. Lorsqu'il eut décrété leur suppression, un bruit terrible se produisit dans le temple. Le râjah désirant se rendre compte de ce qui le causait entra dans le sanctuaire. Aussitôt un être mi-homme, mi-chacal[1], le saisit pour le dévorer. Il ne le libéra que sur la pro-

1. Nous trouvons, ici, l'idée d'un monstre du genre de celui dont on parlait pendant ma visite à Pachoupatinath. La croyance dans l'existence de ceux-ci est courante dans les Himalayas.

messe, que fit le râjah, d'assigner une considérable étendue de terre au temple qui, dès lors, en percevrait le revenu à son bénéfice.

La tradition ne dit pas si les sacrifices humains furent continués ou supprimés à la suite de ce prodige.

Il nous est aussi raconté que vers le XVIe siècle, une danse avait lieu en l'honneur de la déesse Kankêswari. Cette danse exigeait qu'un des danseurs fût déguisé en animal et il arrivait que la déesse le mangeât. Ce que nous pouvons entendre comme : l'infortuné était sacrifié.

Ce ne sont là que quelques exemples. Il est certain que les sacrifices humains ont été pratiqués au Népal jusqu'à une époque relativement récente. Toutes les déités du panthéon tantrique sont avides de sang et se complaisent aux tortures que s'infligent les hommes… ou qui leur sont infligées.

Le temple de Vajra Yoguini est situé sur une colline. Un escalier comptant des centaines de marches y conduit. Au risque d'attirer sur moi la colère de la déesse, par cette impertinence, je gravis cet escalier à cheval.

Dans le temple, je trouvai une femme sadhou qui avait perdu une jambe ; celle qui lui restait était couverte de plaies. Peut-être était-elle lépreuse. Je m'enquis de la façon dont elle avait été estropiée. On me répondit vaguement. Elle avait eu un accident, on l'avait ramenée au temple et on l'y avait amputée. Qui avait pratiqué l'opération ? Un homme qui « savait ». Pourquoi ne l'avait-on pas conduite à l'hôpital ? Non, elle préférait le temple…

J'insistai pour qu'on la portât à l'hôpital. On y soignerait ses plaies. J'allai même jusqu'à promettre que, si le médecin le conseillait, je paierais l'achat d'une jambe artificielle qui permettrait à la malheureuse de se tenir debout et, peut-être, de marcher avec l'aide d'une canne. Pour le moment elle se traînait par terre sans pouvoir se lever.

Mes offres n'éveillaient aucun intérêt, personne ne consentait à transporter l'infirme, dans une brouette ou dans un hamac, jusqu'à Katmandou. L'indifférence endurcie dans laquelle sont la plupart des gens est extraordinaire. Il n'y a guère de pitié à attendre en Orient — il n'y en a pas davantage en Occident, du reste.

Enfin, après que j'eus payé une somme assez forte et promis un supplément quand la pauvresse arriverait à l'hôpital, un homme se décida à l'y conduire le lendemain.

Sur ma recommandation et comme je consentais à prendre les frais du traitement à ma charge, on lui fit bon accueil. Le médecin jugea possible de lui adapter une jambe artificielle. Ses plaies pouvaient guérir ; elle n'était pas lépreuse.

Tout semblait s'arranger aussi bien que possible pour la malheureuse. Elle était depuis quatre jours à l'hôpital, lorsque deux hommes vinrent la chercher. Elle devait retourner au temple immédiatement, disaient-ils. Ils ne s'expliquaient pas davantage et semblaient être en grande hâte, me dit le médecin qui les avait vus. Il essaya de convaincre l'infirme qu'il était de son intérêt de rester pour être soignée et recevoir une jambe artificielle puisqu'elle avait eu la bonne chance de rencontrer une bienfaitrice qui voulait en payer le prix. Rien n'y fit ; elle se montra aussi empressée de retourner à Vajra Yoguini se traîner sur le sol, enveloppée de haillons collés à ses plaies, que ceux qui venaient la chercher l'étaient de l'y ramener. Pourquoi ?… Mystère. C'est l'Inde, comme disait Râmânanda.

Le temple de Vajra Yoguini est luxueusement décoré, ses portes dorées, les étendards de métal rutilant qui les encadrent et les lions de pierre placés en sentinelles lui prêtent un air de tranquille dignité. Les cours dallées, autour de l'édifice, étaient remarquablement propres. Suivant l'usage, il s'y élevait plusieurs chapelles dédiées à diverses déités.

Bien plus que par le temple mon attention était retenue par le paysage. Par-delà les bois voisins on apercevait les premières chaînes des hautes montagnes qui séparent le Népal du Tibet et je rêvais aux plateaux solitaires que j'avais parcourus de l'autre côté de cette ligne de cimes qui s'estompaient, au loin, sur le ciel bleu.

Les temples commençaient à me lasser. L'architecture népalaise est curieuse, intéressante à souhait, mais peu variée. Elle manque de la majesté écrasante des immenses temples de l'Inde méridionale.

Quant aux représentations de déités, en statues et en peinture, l'Inde hindouiste n'a guère produit, sous prétexte de symbolisme, que des monstruosités grotesques. Dans un style différent, d'autres nations n'ont, d'ailleurs, pas toujours témoigné d'un plus haut sens artistique.

De retour à Vajra Yoguini je décidai une autre excursion vers les montagnes. Celle-ci prenait presque, pour moi, l'allure d'un pèlerinage.

Parmi les légendes concernant les vies antérieures du Bouddha, avant qu'il devînt le personnage historique que nous connaissons, il en est une qui raconte ce qui suit.

En ce temps-là, une sécheresse anormale désolait le pays. La terre était calcinée comme si elle avait été passée au four ; il n'y avait plus une goutte d'eau dans le lit des rivières qui traversaient les plaines ; dans les montagnes, toutes les sources étaient taries, les feuilles desséchées des arbres dénudés jonchaient le sol ; tous les animaux avaient fui le pays où ils ne trouvaient plus de nourriture.

Voyageant à travers les bois, le futur Bouddha, alors un jeune prince, aperçut gisant parmi les halliers, une tigresse à demi morte de faim et de soif. En voyant le passant, la misérable bête essaya de se soulever pour se jeter sur lui, mais sa faiblesse était trop grande et elle retomba sur le sol, dardant sur la proie hors de sa portée des regards de convoitise désespérée. Le jeune prince contempla un instant sa détresse, puis, l'esprit parfaitement calme, il marcha vers la tigresse et lui livra son corps en pâture.

Telle est la légende.

Ce qui est étrange, c'est que je ne puis, en aucune façon, me souvenir ni de l'époque où je l'ai apprise, ni de la manière dont elle est venue à ma connaissance.

Elle m'a été familière dès ma petite jeunesse. Je la savais dans la maison de mes parents où il n'existait aucun livre concernant le bouddhisme et où le nom du Bouddha évoquait seulement l'idée d'un bibelot d'étagère en porcelaine chinoise.

Je me vois clairement assise dans une serre attenant à notre salle à manger, pensant au jeune prince qui se donnait à la tigresse. Cette histoire me paraissait la plus belle du monde, elle me remplissait d'une religieuse émotion. J'avais dix ans.

Plus tard, ayant glané quelques vagues notions touchant le bouddhisme, je me figurai que l'histoire de la tigresse relatait un fait véritable et que le Bouddha avait réellement terminé ses jours de cette manière tragique.

Or, les Népalais qui croient que le Bouddha a visité leur pays (ce qui ne serait pas impossible car sa patrie n'était pas éloignée du haut Népal et se trouve actuellement incluse dans le territoire népalais) croient, aussi, que dans ses vies antérieures, il a vécu dans leur voisinage. D'après eux, le prince qui se sacrifia par pitié pour la tigresse s'appelait Mahâsattva[1] et il était le fils d'un chef dont la résidence se trouvait à Panâvati près de Bhatgaon. Toujours d'après eux, l'endroit où il rencontra la tigresse était situé parmi les montagnes qui portent aujourd'hui le nom de Nambouddha.

Puisque les circonstances m'avaient conduite près de là, il me parut curieux de visiter un lieu que les traditions locales donnaient comme théâtre à la légende qui me hantait d'aussi inexplicable façon.

Je partis donc pour Nambouddha montée sur un poney de montagne, une de ces petites bêtes à l'énorme crinière embroussaillée et aux yeux malicieux, qui ne rêvent que galopades et gambades, bien que sachant aussi se maintenir à une allure agréable. La première partie de la route s'allongeait en plaine à travers un pays très cultivé. Un petit vent court, cinglant — rien de l'ample tempête tibétaine —, me faisait frissonner malgré d'épais vêtements. Ce n'était pas là un temps « nirvanique », mais un temps incitant à la lutte.

Les philosophies orientales demandent la tiédeur calme des nuits tropicales. Je me souviens d'un bungalow situé au fond d'une gorge dans les bas Himâlayas ; des hortensias bleus et des arbustes aux fleurs parfumées croissaient dans son jardin ; les nuits y retentissaient de la chanson des insectes et les ténèbres s'éclairaient de la danse des mouches lumineuses. Je m'étais arrêtée là, au retour d'un de mes voyages au Tibet, m'attardant dans le rêve que je ramenais des hautes cimes. La sérénité, le détachement total viennent d'eux-mêmes dans une telle

1. Ce qui peut être un titre honorifique aussi bien qu'un nom. Mahâ sattva signifie « Grand Être ».

ambiance et l'on irait sans grand effort vers la tigresse agonisante.

C'est dans la satisfaction physique et mentale que naît l'indifférence, le mépris de la vie. Les bouddhas et ceux qui leur ressemblent ont toujours été des hommes possédant tout ce que l'on estime, d'ordinaire, comme assurant le bonheur. Ceux pour qui la vie est âpre s'acharnent le plus souvent à la préserver, se cramponnant à elle désespérément.

Quoi qu'il pût en être des considérations auxquelles je me livrais, ni le paysage banal, ni la température n'inclinaient ce jour-là vers l'idée de s'offrir en pâture à une tigresse.

La brise fouette l'appétit ; j'avais faim. Des oies traversèrent la route en se dandinant, et tout à coup, balayant celui de la tigresse, un autre souvenir jaillit du fond de ma mémoire, souvenir de ma petite enfance, aussi.

Un jour où nous retournions à Bruxelles, ma mère et moi, après un séjour à Paris, la gouvernante de mon parrain nous munit d'un panier de vivres pour le voyage. Les wagons-restaurants n'existaient pas à cette époque et la durée du trajet était beaucoup plus longue qu'elle ne l'est actuellement. Dans ce panier se trouvaient, entre autres choses, les meilleurs morceaux d'une oie rôtie. J'avais alors huit ans. Combien étrange ! Sur cette route du Népal, si loin des lieux où ce lunch avait flatté ma gourmandise de gamine et en dépit de tant d'années écoulées, la saveur précise de l'oie froide revivait sur ma langue[1].

1. Le souvenir d'un mets est évidemment vulgaire ; ce qui peut fournir matière à réflexion c'est la répétition inopinée d'une ancienne sensation gustative éprouvée par des cellules qui ne sont plus identiquement les mêmes que celles qui, bien des années auparavant, ont éprouvé la sensation initiale causée par le fait matériel de manger un certain aliment. Il s'agissait d'une pure mémoire physique ; le *goût* de l'oie avait surgi en premier lieu. Ce

Confessons les faiblesses de la chair, comme disent les dévots ; tout en trottant sur mon poney je me disais qu'un morceau d'oie de ce genre, avec de bon pain croquant, aurait été savoureux. Souhait platonique d'ailleurs et convoitise purement instinctive à laquelle l'esprit ne consentait pas. Les morceaux d'oie auraient été là, que je n'y aurais pas touché. Depuis longtemps j'étais au régime végétarien.

Nous abordions maintenant la montagne, nous engageant dans des sentiers abrupts, aux grimpades succédaient des descentes qui nous ramenaient parmi des champs cultivés coupés de canaux d'irrigation. Le guide qui marchait en tête prit, soudainement, un sentier encore plus étroit qu'il déclara être un raccourci et qui nous conduisit à une digue trop étroite pour les pieds des chevaux. Il fallut en descendre et continuer de nouveau à travers champs. Nous avions l'air d'y courir une course d'obstacles ; les poneys folichons paraissaient ravis et s'en donnaient à cœur joie de sauter par-dessus les banquettes des canaux d'irrigation.

Ensuite, l'on recommença à grimper. Nous fûmes rendus à destination vers quatre heures du soir. Les tentes étaient dressées au cœur des montagnes, sur un mamelon couvert de buissons et de jeunes arbres ; afin de ménager un espace libre parmi ceux-ci on y

---

n'est qu'à cause de lui que s'était réveillé le souvenir mental de ce qui s'y rapportait : le repas fait dans le train, les circonstances dans lesquelles les vivres avaient été donnés aux voyageuses, etc.

Le procédé d'emmagasinement qui se poursuit continuellement en nous est chose bien digne d'investigation. Quelle énorme réserve d'impressions nous accumulons ainsi, inconsciemment. Et celles-ci ne demeurent certainement pas inertes. À notre insu, leur activité joue un grand rôle dans notre vie physique et mentale. Les Indiens et les Tibétains ont élaboré différentes théories philosophiques concernant la mémoire physique et la mémoire mentale.

avait mis le feu. Quand j'arrivai, le sol avait été débarrassé des broussailles calcinées et soigneusement balayé. Des branches plantées en terre formaient une avenue conduisant à ma tente.

Malgré l'intention des indigènes de rendre l'endroit « joli », les traces flagrantes de l'incendie et les taillis noircis qui entouraient le camp présentaient un aspect attristant.

Je ne sais rien de plus navrant à contempler qu'un incendie en forêt, les flammes qui s'avancent, les halliers et les arbres rivés au sol, sans possibilité de défense ou de fuite, qu'elles atteignent progressivement et qui se tordent, sifflent et fument sous leur étreinte. J'imaginai ce drame sur la colline où je venais, l'esprit occupé du plus sublime exemple de charité que l'on ait pu inventer. Il ne s'agissait pas là d'une forêt, mais de moins de deux hectares de broussailles et de jeunes arbres, n'importe, il y avait eu, là, destruction de choses qui tendaient à la vie : de feuillage verdoyant et de fleurettes dont on avait fait des cendres…

J'en avais été la cause. Indirectement, mais cause tout de même.

Mon pèlerinage débutait mal et j'entrai tristement dans ma tente.

Je n'y étais pas depuis quelques minutes quand des cris et des hurlements perçants s'élevèrent dans le voisinage.

Que se passait-il ? Je sortis pour le demander.

— Ce n'est rien, répondit un de mes gardes du corps. Ce sont des paysans que l'on bâtonne parce qu'ils n'ont pas apporté de leur village les provisions qui leur ont été commandées pour vos repas et ceux de votre suite, pendant votre séjour ici.

— Qu'on ne les batte pas, m'écriai-je. Je ne puis pas souffrir qu'on maltraite des gens à mon sujet. J'ai assez de vivres dans mes bagages.

Que j'aie assez de vivres importait peu aux hommes qui m'accompagnaient. Eux, voulaient festoyer. Je leur fournissais un bon prétexte pour réquisitionner le meilleur de ce que les villages voisins possédaient. Et, bien entendu, jamais les paysans ne seraient payés : il s'agissait du « service de l'État ».

Enfin les cris cessèrent, mais cet incident m'était désagréable. Ces montagnards ne mourraient pas pour avoir reçu une raclée, ils y étaient habitués ; mais ces violences cadraient mal avec le souvenir du prince se sacrifiant à la tigresse. La quiétude de mon pèlerinage en souffrait.

Le pire allait venir.

On entrouvrit les rideaux de ma tente et deux hommes, avec force salutations, jetèrent à mes pieds une douzaine de volailles vivantes attachées ensemble par les pattes. De quoi faire quelques repas, disaient-ils.

Cette fois je me récriai pleine d'horreur.

— Je ne mange pas dc viande, je suis bouddhiste ; je ne fais pas tuer d'animaux ! Détachez ces poules.

Je dus insister pour que la chose fût faite. Les gens qui m'escortaient entendaient bien mettre plusieurs poules à la casserole et s'en régaler. Malgré mon intervention, il est certain que les pauvres bêtes n'échappèrent pas à leur sort. Les gloutons qui les convoitaient durent seulement prendre la peine de les pourchasser dans les broussailles.

Décidément mon pèlerinage…

J'ai relaté ces incidents à cause de leur comique grotesque. Quant aux pèlerinages sentimentaux, ils s'avèrent en général décevants ; les idées que l'on associe avec eux se trouvent presque toujours heurtées sur les lieux, par des rencontres inadéquates et choquantes. Il est sage de se borner aux pèlerinages en esprit.

Le lendemain et le surlendemain je passai la plus grande partie de mon temps sur une montagne, proche de mon camp, d'où l'on jouissait d'une belle vue sur le mont Everest. Il paraissait tout près de là et, en fait, il n'en était pas loin. Dans une autre direction, l'on voyait aussi des sentiers montant vers les cols par où l'on pénètre au Tibet. Un beau paysage certes, pour qui aime les sites de hautes altitudes, mais je lui préfère, plus à l'est, ces régions sauvages et désertes du Sikkim qui touchent au pied du glorieux Kintchindjinga (de son vrai nom tibétain : Kang tchén dzeu nga « les cinq entrepôts des grandes neiges »).

Un petit autel en plein air, qui ressemblait vaguement au reposoir d'une procession campagnarde de nos pays, se donnait la prétention de commémorer la rencontre du futur Bouddha et de la tigresse. Quelques statuettes de déités tantriques y siégeaient. C'était lamentable.

Je m'octroyai encore quelques jours de repos ; des pandits m'avaient annoncé leur visite et devaient m'apporter des livres.

Tandis que j'étais occupée et ne pensais plus à lui, mon sweeper continuait à se désoler au sujet de l'ignominie de sa condition présente dans la société hindoue. Comment l'éviterait-il dans sa prochaine existence ?

Après ma visite nocturne chez Malla, Passang avait, de ma part, enjoint à Krishna de ne plus avoir aucun rapport avec lui qui était un fripon désireux seulement de faire des dupes. Sur mon ordre il avait aussi dit au sweeper que je m'étais convaincue que la religion de Malla était mauvaise et que ses pûjas manquaient d'efficacité pour amener une renaissance heureuse.

Tout cela était négatif et tandis que je l'oubliais,

l'infortuné « intouchable » ne cessait d'importuner Passang pour qu'il me parle en sa faveur.

Moi qui étais si savante, avec qui les brahmines conversaient, qui lisais dans de gros livres et à qui le taureau Shiva et les vaches témoignaient de l'amitié (ils revenaient chaque jour espérant une distribution de pain), je devais connaître le bon moyen de l'aider.

L'aider, je ne demandais pas mieux, mais comment ? Évidemment je n'avais qu'à lui indiquer quelques pratiques de dévotion ou, même, qu'à célébrer moi-même une cérémonie d'apparence religieuse et à lui assurer que le résultat certain de celle-ci serait sa renaissance dans une famille de gens de haute caste. Il me croirait et serait heureux, mais il me déplaît de mystifier les simples. Il fallait trouver mieux...

Et je trouvai. Krishna devait abandonner l'hindouisme et adopter une religion qui ne comporte pas de castes. Alors, au lieu de devoir attendre jusqu'au lendemain de sa mort pour échapper à sa condition humiliante, il en serait immédiatement libéré.

Voilà qui paraît bien facile à des Occidentaux. Nombre d'entre eux, résidant dans l'Inde, m'ont demandé pourquoi les gens des castes impures s'obstinent à demeurer dans leur abjection sociale au lieu de devenir chrétiens ou musulmans[1].

Leur motif s'explique en quelques mots : ces malheureux croient aux dieux de l'hindouisme, ils craignent les effets de leur colère s'ils abandonnent leur culte. Ils sont, pensent-ils, nés dans ces castes

1. Il y a quelques années, le Dr Ambhekar, leader politique des « intouchables », avait proposé cette solution. Les « intouchables » la rejetèrent en grande majorité et Gandhi la désapprouva. Ce dernier souhaitait des adoucissements à la condition des castes impures, mais ne réprouvait pas du tout le système des castes. Les étrangers se sont fortement mépris en lui attribuant le désir de les abolir.

méprisables en punition de péchés qu'ils ont commis en des vies antérieures et se trouvent dans une sorte de purgatoire, il leur convient d'accepter leur sort avec résignation, ils n'y sont pas condamnés pour l'éternité[1].

— Passang, dis-je à mon boy, comme il me transmettait encore une fois les doléances du sweeper, j'ai décidé que Krishna changerait de religion.

Mon Tibétain demeura bouche bée.

— Pourquoi changerait-il de religion ? Une religion ou une autre, c'est la même chose pour lui. Il n'y comprend rien.

Passang, lui, croit qu'il « comprend ».

— Il ne s'agit pas pour Krishna de comprendre, il s'agit de ne plus être un « intouchable », répliquais-je.

— Ah, oui !... Qu'est-ce qu'il sera ? Chrétien ou musulman ?

— Je vais y réfléchir.

Je réfléchis et le résultat de mes réflexions fut que j'augmenterais d'une humble unité la foule des fidèles de l'islam. Mes raisons étaient fort terre à terre. Le sweeper savait un peu coudre et je connaissais un tailleur musulman, homme respectable et très pieux à qui l'idée d'une conversion opérée par son entremise sourirait certainement. Il prendrait le garçon comme apprenti et quand celui-ci pourrait assez adroitement se servir d'une aiguille il l'enverrait dans une localité où nul ne l'aurait connu comme sweeper. Au lieu de s'appeler Krishna, il s'appellerait Ali, ou Omar, ou Ahmed, et pourrait marcher la tête haute dans toutes les rues, entrer dans toutes les maisons. Cela ne

1. La suppression officielle du système des castes par le gouvernement de l'Inde demandera du temps avant de devenir réellement effective. Le dogme religieux de la distinction des castes est trop profondément ancré dans l'esprit des Hindous pour leur permettre de le rejeter rapidement.

valait-il pas mieux que l'espoir lointain d'une honorable réincarnation ?...

Par la suite, les choses se passèrent exactement de la façon dont je les avais projetées.

L'ex-Krishna, qu'on n'avait appelé ni Ali, ni Omar, ni Ahmed, mais Ibrahim, vint me remercier avant de partir pour Agra où son patron, satisfait de lui, l'envoyait chez un coreligionnaire tailleur.

Je lui fis cadeau d'habits neufs et d'une petite somme d'argent puis, comme il n'était plus « intouchable », je lui serrai la main à la manière occidentale en lui disant que le Prophète (sur lui soit la paix) était un très grand homme, ce qui ne fait pas de doute, et que l'islam est une grande religion, ce qui est également vrai.

Mais tout cela se passa longtemps après mon départ du Népal.

Une de mes dernières excursions me conduisit à Balaji, le jardin des fontaines, situé à quelque quatre kilomètres de Katmandou. L'eau y sort d'un mur qui soutient la terrasse inférieure d'un mamelon boisé ; elle est vomie par une série de gueules de monstres fantastiques, celui qui occupe le milieu de la rangée étant de beaucoup plus grandes dimensions que les autres. L'eau tombe dans un canal dallé où s'ébattent de nombreux poissons familiers qui s'avancent pour se faire nourrir par les visiteurs.

Une grande statue de Vishnou est courbée dans le canal. Le dieu est représenté étendu sur le serpent Sésha, symbole de l'éternité, dont les multiples têtes forment un capuchon au-dessus de lui. La statue rappelle la légende hindoue de l'origine du monde, alors que Vishnou, couché sur le serpent Sésha, flottait sur les eaux primordiales.

Cependant, d'après une autre explication, la statue ne serait point celle de Vishnou, mais celle de Shiva Mahâdéva.

D'après la mythologie hindoue, quand les dieux barattèrent l'océan pour en extraire l'élixir d'immortalité, du poison s'y trouva mêlé. Les dieux désiraient l'élixir, mais aucun d'eux ne se souciait d'en séparer le poison, alors Shiva se dévoua, il but le poison et, par l'effet de celui-ci, sa gorge prit une couleur bleue, d'où son surnom de Nilakhanta (cou bleu). Mais le poison eut aussi un autre résultat, il causa une très pénible soif à Shiva. Selon les Népalais, ne trouvant nulle part de quoi satisfaire cette soif dévorante, Shiva se rendit dans les Himalayas, près de Gosainthan, à la frontière du Tibet. Il y frappa la montagne de son trident et, à chacune des places où les dents du trident avaient pénétré dans la terre, l'eau jaillit. Cette eau forma le lac de Gosainthan où les Hindous vont en pèlerinage. Dans un rocher enfoncé dans le lac, les fidèles croient distinguer la forme du dieu étanchant sa soif.

D'après la seconde explication, la statue immergée de Balaji serait une reproduction, à une échelle restreinte, de ce que l'on voit au lac de Gosainthan. Mais le bon public, qui ne s'embarrasse pas de tant de science, appelle tout bonnement la statue : le Bouddha au cou bleu : Bouddha Nilakhanta.

Eh oui, le bon peuple ne se met pas beaucoup en peine de savoir ce qu'il adore, adorer lui suffit et son désir d'adoration l'entraîne, parfois, à des entreprises absolument déconcertantes. J'en trouvai un exemple de plus comme je revenais de Balaji.

Sur la route, trois Tibétains cheminaient, deux moines et un laïque : des pèlerins. Je ne puis pas rencontrer un Tibétain, hors du Tibet, sans m'intéresser immédiatement à lui. Où allaient ceux-ci ? Je le leur demandai.

— Nous sommes venus du Tibet par Kirong, nous avons visité les *chörtens* (les deux stûpas : Bodanath et Swayambhounath) et nous allons à Gyakar Dordjiding, me répondirent-ils.

Gyakar Dordjiding est le nom que les Tibétains donnent à Bouddha Gaya, l'endroit où, d'après la tradition, le Bouddha atteignit l'illumination spirituelle. Ces Tibétains s'en allaient tout simplement, à pied, du Tibet dans l'Inde centrale. Cela ne rappelle-t-il pas nos pèlerins du Moyen Âge qui partaient de France ou d'Allemagne pour se rendre, à pied, à Jérusalem. La « foi transporte des montagnes » nous est-il dit. Je n'en sais rien, je ne l'ai jamais vu, mais j'ai vu que la foi aidait les gens à se transporter. L'ère des vrais pèlerinages, bâton en main, sac au dos, peut être close en Occident, mais elle ne l'est pas en Orient. Et, après tout, n'ai-je pas été, moi-même, joyeusement pèlerine cheminant, bâton en main, sac au dos, de la Chine à l'Inde à travers le Tibet et combien d'autres fois sur de moins longues distances.

— Vous savez où est Gyakar Dordjiding ? demandai-je aux pèlerins.

— C'est dans l'Inde, me répondit le plus âgé des moines.

— Où, dans l'Inde ?... L'Inde est grande.

— Nous demanderons le chemin, dit simplement l'autre moine.

— Vous avez de l'argent ?

— Quelques roupies, déclara le laïque, qui, sans doute, tenait la bourse.

— Et vous parlez hindi.

— Moi je parle hindi... un peu. Mais eux ne savent que le tibétain, dit encore le laïque.

— Comment ferez-vous quand vous aurez dépensé vos roupies ?

— Nous mendierons.

La réponse fut faite en même temps par les trois dévots.

C'était désarmant de naïveté et tellement oriental.

Je me sentais pleine de sympathie pour ces trois bonshommes qui s'en allaient à travers le monde avec l'imprévoyance de bambins.

— Savez-vous que, beaucoup moins loin d'ici que Gyakar Dordjiding, il y a d'autres lieux saints : l'endroit où le Bouddha est né, par exemple, leur dis-je.

Non, ils ne le savaient pas, mais quand je leur eus demandé s'ils désiraient visiter cet endroit, leurs yeux, pas très intelligents, brillèrent soudainement. Ah ! oui, ils voulaient y aller !

Leur ferveur m'amusait. Je me décidai à jouer, en leur faveur, le rôle de bonne fée.

— Écoutez, leur dis-je, je vais à l'endroit où le Bouddha est né, puisque vous désirez y aller aussi, vous n'aurez qu'à suivre mon secrétaire que voici. C'était Passang à qui je conférai ce titre honorifique.

— Il est tibétain comme vous, il sait l'hindi, il vous guidera, vous ne devrez jamais le quitter, de crainte de vous égarer. Quant à ce qui regarde la nourriture, ne vous en inquiétez pas, vous serez nourris comme lui.

Et puis, quand nous quitterons Lumbini (l'endroit où naquit le Bouddha) je vous donnerai des billets pour que vous puissiez voyager dans des trains, au lieu de marcher, et vous aurez, aussi, des papiers à montrer pour qu'on vous mette dans le bon chemin et, également, un peu d'argent pour acheter de quoi manger.

Quel concert de bénédictions !

De retour à mon pavillon les trois Tibétains plantèrent leur tente minuscule dans le jardin, tout contre la chambre de Passang et pendant les quelques jours que je demeurai encore à Katmandou ils ne bougèrent pas d'un pas dans la crainte que nous partions sans eux.

CHAPITRE V

Je suis redescendue du haut Népal à travers les jungles, le temps était ensoleillé, « glorieux » comme disent les Anglais et l'expression est bien choisie, il y a du triomphe, de la gloire dans cette lumière intense et chaude ; la végétation luxuriante parmi laquelle nous cheminons s'y baigne avec volupté.

Il y a longtemps, une dame qui suivait, comme moi, un cours de sanscrit au Collège de France, conçut l'idée de visiter les lieux qui sont mentionnés dam la biographie du Bouddha. Avant son départ, elle me dit : « Je crois beaucoup à l'influence de l'ambiance physique sur la formation des idées chez les individus. Je veux voir les paysages parmi lesquels le Bouddha a passé sa jeunesse. » J'approuvai fortement son projet et regrettai de ne pas pouvoir l'accompagner. Bien des années s'étaient écoulées depuis lors, et j'avais visité bien des pays, mais voici que mon désir de jeunesse se réalisait. Ce succès ajoutait à ma joie d'être de nouveau loin de la foule, traversant, seule, ces bois silencieux et solitaires ; seule ! rien ne peut égaler la béatitude qui naît de la solitude.

Je voyageais de nouveau sur un lit, mes porteurs, cette fois, restaient muets et ne m'assourdissaient point de leur : Hé é hé — O oh ! — Aï hé — Houm

oum ! comme lors de ma montée vers Katmandou. Les coolies chargés des bagages étaient partis bien avant moi, sans attendre le lever du jour et, après que nous eûmes fait halte pendant un moment, pour manger, Passang et les domestiques avaient, aussi, pris le devant. Quant à moi, bercée par les oscillations de mon lit-véhicule, je finis par m'endormir.

Un arrêt soudain et un bruit de voix me réveillèrent. Je regardai. Le sentier dans lequel nous étions était devenu si étroit qu'en étendant les bras je pouvais toucher les buissons qui le bordaient des deux côtés. Mes porteurs discutaient vivement entre eux. Il ne fallait pas réfléchir longtemps pour comprendre la raison de leur débat. Ils s'étaient égarés.

Oui, c'était bien cela ; ils en rejetaient mutuellement la faute les uns sur les autres, puis ils commencèrent à héler mes gens, mais rien ne leur répondit. Nous étions en pleine forêt, la forêt aux fauves. Que faire ?... Les porteurs, l'air abruti, me le demandaient.

Retourner en arrière n'était pas imaginable, nous marchions en forêt depuis le matin, la nuit viendrait avant que nous ayons gagné, dans cette direction, la lisière des bois. Il n'y avait qu'à essayer de sortir de ceux-ci en continuant droit devant nous. C'était à risquer, puisque aucune autre solution ne pouvait être envisagée.

J'ordonnai donc aux hommes de continuer et de se hâter en leur rappelant que des tigres pouvaient se trouver dans le voisinage. Ils le savaient mieux que moi et se mirent à trotter rapidement. Je n'étais plus « bercée » maintenant, j'étais secouée d'horrible manière, sur les sangles du châlit qui faisaient effet de ressorts ; j'étais projetée de droite, de gauche, en l'air, une sorte de torture qui donnait tout d'abord à rire et devenait pénible à en crier en se prolongeant. N'importe, j'excitais les Népalais à continuer, à courir plus vite en leur rappelant que la nuit viendrait et que nous devions être, alors, hors de la forêt.

Nous en sortîmes heureusement un peu après le coucher du soleil. Tous nous respirâmes, mais il s'en fallait que notre situation fût tout à fait agréable. Les huit hommes qui s'étaient relayés pour me porter quatre à la fois et avaient fourni cette longue étape à toute vitesse paraissaient exténués. J'étais fortement endolorie, j'avais froid et j'avais faim. Nous nous trouvions parmi des terrains incultes, pas un village, pas une seule hutte en vue. Ô solitude !... Mon amour pour elle paraissait trop abondamment comblé. L'idée m'en faisait rire et je me disais que riraient bien davantage, s'ils me voyaient, ceux qui m'avaient indiqué des routes aisées et que je n'avais pas écoutés, voulant « couper au court » à travers la jungle pittoresque.

Il convenait de se remettre en marche immédiatement. À pas très lents, cette fois, nous avançâmes ; la nuit était venue quand nous arrivâmes à des champs promettant le voisinage d'habitations. Peu après je distinguai une faible lumière brillant très loin de nous. Nous nous dirigeâmes vers elle, mais une rivière nous barra le chemin. Un des hommes entra dans l'eau avec un bâton pour sonder la profondeur. Il était possible de passer. Les porteurs soulevèrent mon lit aussi haut qu'ils le purent, mais la hauteur ne fut pas suffisante ; vers le milieu de la rivière je pris un bain complet, de très courte durée mais assez long pour que tous mes vêtements fussent trempés.

Bref, un peu après minuit nous arrivâmes à une grande maison, sans doute la demeure d'un propriétaire campagnard. On m'y introduisit dans une vaste chambre abominablement sale dont on s'empressa de balayer le plancher. Je demandai du feu dans un brasero pour sécher mes habits. On m'apporta aussi un lit de sangle, puis je priai qu'on me laissât pour que je puisse me déshabiller.

Les murs de la pièce étaient profusément ornés de chromolithographies représentant les dieux et les déesses du panthéon hindou et des scènes de leurs légendes… J'allais dormir en bonne compagnie. Certes je dormirais car j'étais moulue de fatigue, mais j'avais faim aussi, et mes provisions étaient avec les coolies et mes domestiques, qui savait où ?

Oh ! que ces divins personnages qui m'entouraient ne pouvaient-ils accomplir un prodige en ma faveur et faire apparaître quelque chose à manger ! Je manquai de foi évidemment, et pour se produire, les miracles exigent la foi. Pourtant, je fis en souriant ma plus gracieuse révérence à l'auguste assemblée qui me regardait du haut de multiples cadres dorés et… le miracle se produisit. Une femme entra, portant un plateau sur lequel se trouvaient des pâtisseries, des fruits et un bol de thé chaud.

Le lendemain j'arrivai à Roumindéi. L'excitation était grande au camp préparé pour moi. En arrivant, la veille, mes gens avaient annoncé que je les suivais de près. Ils ne se doutaient pas que, tandis que je sommeillais, mes porteurs s'étaient trompés de sentier faisant ainsi un long détour. On avait envoyé à ma recherche pendant toute la nuit.

Les tentes étaient plantées dans un bosquet de manguiers. Rien n'aurait pu être plus couleur locale ni mieux dans la note de mon pèlerinage.

Les anciens textes bouddhiques mentionnent fréquemment des bois de manguiers où le Bouddha s'arrêta au cours de ses pérégrinations et celui-ci me rappelait l'épisode concernant la belle et érudite courtisane Ambapali de Vaiçali, une Aspasie indienne qui « modestement vêtue comme une femme de bonne famille allait faire ses dévotions» disent les textes, s'en vint écouter la prédication du Bouddha alors qu'il campait avec ses disciples dans un bosquet de manguiers. Et Ambapali devenue, elle aussi, disciple du maître, mérita de lui cet éloge : «Rares sont, ô dame Ambapali, les femmes capables de comprendre la profondeur et la subtilité de ma doctrine.» Par la suite elle embrassa la vie religieuse avec le calme d'une intellectuelle, sans croire qu'elle avait rien à expier, à déplorer, simplement parce qu'elle avait compris l'inanité de toutes les choses du monde et qu'elles lui inspiraient du dégoût.

Ma tente à double toit et pourvue d'une petite salle de bains était très confortable, mon lit avait été préparé et je me proposais de bien dormir la nuit suivante pour compenser la peu reposante nuit précédente parmi les dieux et dans des vêtements imparfaitement séchés.

Je devais faire de cet endroit mon quartier général pendant plusieurs jours et excursionner dans les environs. Cinq éléphants seraient à ma disposition comme montures pour moi et mes gens et pour effectuer les transports. Quatre de ces bêtes étaient déjà attachées près du camp, on attendait la cinquième.

J'étais au lit; les chacals qui faisaient grand tapage dans les environs m'empêchaient de m'endormir, lorsque j'entendis du bruit dans les herbes, près de ma tente. Je criai à Passang, dont la tente touchait à la mienne, d'aller voir ce qui causait ce bruit. Il me répondit que c'étaient des chacals qui rôdaient. Cependant, je craignais que les animaux ne se prissent dans les cordes tendues qui soutenaient les piquets de la tente et ne les fissent tomber. Je commandai donc à Passang d'aller chasser les bêtes et je sortis aussi de ma tente. Dans la nuit nous vîmes quelque chose qui s'avançait. Cela paraissait être plutôt grand. En effet, des ténèbres émergeait le cinquième éléphant attendu. Le « chacal » était de fortes dimensions. Allai-je dormir enfin…

Oui, et longuement. Le soleil chauffait mon toit de toile quand je me levai toute reposée, toute gaillarde.

Ce camp dans le Téraï n'avait rien de l'âpreté de mes camps au Tibet. Il était pittoresque et charmant. Les coolies réquisitionnés pour mon service dormaient ou cuisinaient autour de petits feux. Ces pauvres hères ont aussi des castes et ne les mélangent point, ne mangeant jamais ensemble. Les éléphants au repos se dandinaient à l'ombre des manguiers. On eût dit une illustration dans un livre de Jules Verne, ces illustrations qui me fascinaient quand j'étais petite fille.

Bienheureux ceux qui réalisent leurs rêves ; cela aussi est une béatitude, et non la moindre.

Mes trois Tibétains étaient là ; ils avaient suivi Passang, ne le quittant pas plus que son ombre. Passang leur a dit : « C'est ici que le Bouddha est né. » Ils ont écarquillé les yeux et demandé : « Où donc est le jardin Lumbini ? »

Lumbini était le nom d'une propriété qui appartenait à Soudhodhana, le roitelet de Kapilavasthou, père du Bouddha et Mâya dévi, sa femme, attendant son premier enfant s'était rendue à cet endroit pour ses couches. Naturellement, les Écritures bouddhiques ont enjolivé ce simple fait et Lumbini, qui devait être une belle maison de campagne entourée de jardins, comme en ont tant de riches Indiens, y a pris l'aspect d'un domaine de conte de fées. Or, près de mon bosquet de manguiers on ne voyait qu'une butte de terre couverte de broussailles.

— Où donc est le jardin ? redemandaient les Tibétains.

Passang me les amena. Pour un peu ils m'auraient soupçonnée de leur avoir méchamment joué un mauvais tour en les conduisant en face de ce prosaïque monticule. Pourtant, ils avaient été si bien nourris par Passang qu'ils hésitaient à attribuer de mauvais desseins à des gens qui traitaient si généreusement les pèlerins.

Ces trois bonshommes m'amusaient et me faisaient aussi un peu pitié. Bercés par des histoires fantastiques au sévère « Pays des neiges », ils avaient cru qu'ils contempleraient, dans l'Inde, les merveilleux tableaux que les poètes indiens ont tracés des lieux où s'écoula la jeunesse de Siddhartha Gautama, prince héritier de Kapilavasthou.

— Vous savez, leur dis-je, qu'il y a longtemps, extrêmement longtemps, que le Bouddha a vécu.

Cela ils le savaient.

— Eh bien ! continuai-je, le Bouddha n'a-t-il pas dit que tout est impermanent ?

Cela aussi ils le savaient et l'admettaient.

— Donc, il ne faut pas vous étonner si un jardin, un très beau jardin, qui existait à cette place, il y a plus de deux mille ans, a été détruit. Les gens meurent, les nations meurent ; beaucoup de royaumes, que le Bouddha a visités n'existent plus. Dans votre pays, autrefois, au temps où le bodhisattva, qui avait pris la forme d'un singe, épousa l'ogresse[1] le Tibet était habité par des êtres très différents de nous. Où sont-ils ? Nous ne les voyons plus au Tibet.

Ici, il y a eu des guerres qui ont détruit les villes : Kapilavasthou et d'autres, on en trouve encore quelques ruines, je suis venue ici pour les voir, mais je n'espère pas trouver debout le splendide palais du

1. Ceci se rapporte à une légende concernant l'origine du peuple tibétain.

roi Souddhodhana. Cela n'a aucune importance, la doctrine du Bouddha, elle, demeure debout.

J'étais assez satisfaite de mon petit sermon, il avait en tout cas le mérite d'énoncer des vérités, et le mérite, sans doute plus grand, d'avoir consolé les trois honnêtes pèlerins.

Je les menai voir la colonne que l'empereur Açoka fit élever pour marquer l'endroit où le Bouddha naquit. Les archéologues compétents paraissent tenir cette colonne pour authentique ; je ne discuterai pas avec eux, ils doivent baser leur opinion sur des preuves solides.

Au sommet de la butte il y avait une petite chapelle où précisément, à ce moment, un brahmine pûjari célébrait un office. Dans cette région, comme dans tout le Népal, l'hindouisme a absorbé le bouddhisme. Il l'a fait en l'incorporant et au cours de cette opération il s'est lui-même laissé pénétrer par le bouddhisme. Le fait est patent dans la philosophie de Sankarâcharya et, au-dessous de ces hautes sphères intellectuelles, il est patent dans la religion populaire du Népal, un mélange incohérent de bouddhisme, d'hindouïsme, de tantrisme et de chamanisme himalayen qui aboutit aux cultes grotesques du genre de ceux sur lesquels j'avais pu jeter un coup d'œil chez Malla, chez son voisin le paysan sorcier et, en général, partout au Népal.

En guise d'idoles, dans la chapelle de Roumindéi, on avait placé quelques pierres sculptées provenant des ruines des villes et des monastères qui avaient existé autrefois dans la région. Celle qui paraissait être la plus honorée représentait la naissance du Bouddha émergeant, comme le veut la tradition, du flanc droit de sa mère. La princesse était représentée debout, s'accrochant d'une main à une branche d'arbre et soutenue par ses femmes, suivant la description classique.

La chapelle étant bouddhique, on n'y sacrifiait pas d'animaux, mais l'idée d'offrandes sanglantes hante si fortement l'hindouisme populaire, qu'à défaut de sang véritable, il veut en montrer l'apparence et la pierre représentant la naissance du Bouddha était barbouillée de peinture rouge. Une déité locale était aussi vénérée dans cette chapelle et je ne suis pas certaine qu'en dépit des dénégations du brahmine pûjari, des coqs n'étaient pas égorgés parfois en l'honneur de celle-ci.

Ce pûjari habitait avec sa femme une misérable hutte tout à côté de la chapelle. Il ne paraissait guère intelligent et ne savait à peu près rien de l'histoire du Bouddha. De ce qu'on pouvait démêler de ses vagues propos, c'est que les pierres sculptées qui se trouvaient dans la chapelle devaient être l'objet d'un culte, faute de quoi elles pourraient devenir malfaisantes et nuire à la population des environs.

J'avais déjà discerné des superstitions de ce genre dans le haut Népal. Là, régnait parmi les Hindous des classes sociales supérieures, un sentiment de supériorité vaniteuse né de ce qu'ils appelaient la victoire de l'hindouisme sur le bouddhisme. Ils rattachaient cette victoire à une visite du philosophe indien Sankarâcharya[1] au Népal, visite rien moins qu'historique, mais qui a suscité une légende fantastique restée courante au Népal. En voici le résumé.

Dans six des vies qui avaient successivement été siennes avant qu'il naquît au Deccan et devînt l'illustre fondateur de la philosophie Advaita, Sankara avait également été un philosophe. Comme tel, il avait soutenu des discussions avec des bouddhistes érudits. Chaque fois il avait été défait et six fois il avait été brûlé vif par ses adversaires victorieux.

1. Sankarâcharya = le maître Sankara.

Dans sa septième incarnation il voulut recommencer la lutte. Il ne trouva pas, autour de lui, de lettrés dignes d'être provoqués à des controverses, mais il apprit que certains de ceux-ci, par crainte de lui, s'étaient enfuis au Népal et il les y poursuivit. Il constata alors que tous les Népalais étaient bouddhistes.

D'après la description que nous donne la légende nous pouvons voir que sans avoir attendu Sankara ces « bouddhistes » étaient déjà retombés dans les superstitions indiennes. Au Népal, non plus, Sankara ne trouve pas d'adversaires dignes de lui. Seuls les maîtres tantriques tentèrent de s'opposer à lui. Au moment de la discussion ils apportèrent une jarre pleine d'eau dans laquelle ils avaient fait entrer Saraswati, la déesse de l'éloquence. Cependant, tandis qu'il discutait avec eux Sankara s'aperçut que la déesse les inspirait. Il courut alors à un temple où elle était vénérée et l'en chassa.

Veuillez ne pas demander comment il put la chasser d'un temple puisqu'elle se trouvait dans une jarre. Ce sont là propos de profanes : les Népalais vous répondraient que l'eau de la jarre pouvait être imprégnée de l'esprit de la déesse sans que celle-ci se trouvât matériellement dans la jarre… et que Saraswati ne se trouvait pas non plus « matériellement » dans le temple. Ils pourraient nous étourdir de réponses jusqu'à ce que notre tête en éclate. Je préfère m'abstenir.

En fait, qu'elle fût due ou non à une visite de Sankarâcharya, une violente persécution sévit. Les bouddhistes furent contraints d'offrir des sacrifices sanglants aux déités et les moines et les religieuses de se marier. Les cérémonies rituelles bouddhiques furent interdites et tous les livres bouddhistes détruits. D'après la tradition il y en avait quatre-vingt-quatre mille.

De petits groupes de bouddhistes s'étaient réfugiés dans les monts Manichoûra, Sankara est dit les y avoir poursuivis. Par six fois, la déesse Mani Yoguini suscita des ouragans qui empêchèrent Sankara de gravir les montagnes mais une septième tentative de sa part réussit. Il fit alors sacrifier des animaux à un bouddha qui avait un temple dans cette région et ayant totalement écrasé les bouddhistes il établit le culte de Shiva au Népal.

De toutes ces fantaisies il n'y a à retenir que la probabilité d'une persécution et le fait actuel que les Hindous se vantent, au Népal, d'avoir détruit le bouddhisme.

Celui-ci prenait une singulière revanche au pays natal du Bouddha. Là, tout ce qui, d'une manière ou d'une autre, se rattachait au bouddhisme, causait une terreur intense. Je ne fus pas longtemps avant de la voir se manifester.

Tandis que je me promenais autour de ce qui avait été jadis le jardin fleuri de Loumbini arrivèrent deux yoguis hindous, des pèlerins comme mes Tibétains, mais d'un genre très différent. De beaux grands gaillards, vêtus seulement d'un pagne de coton couleur orange, leur visage et leur torse nu enduits de cendre. Ils portaient des colliers de grosses roudrakshas et leur chevelure embroussaillée formait au sommet de leur tête un haut chignon. C'étaient des Shivaïtes ou, plus probablement, des Bhairavis, des ascètes qui méditent dans les cimetières.

Des milliers de leurs pareils déambulent à travers l'Inde ; j'en avais aussi rencontré pas mal dans la vallée du Népal : ils n'avaient rien qui pût m'étonner mais eux s'étonnèrent en voyant ma robe. Avec le sans-gêne habituel à ceux de leur secte ils m'interrogèrent :

— Qui êtes-vous ?

— Une yoguini bouddhiste.

— Que venez-vous faire ici ?

— Chercher des vestiges de ruines.

Ils hochèrent la tête d'un air entendu.

— Vous venez pour les pierres.

C'était une façon rustique de dénommer des recherches d'ordre archéologique. Je crus devoir convenir que « j'étais venue pour les pierres ».

— C'est dangereux, remarqua l'un des deux.

— Plus dangereux que les goules des cimetières, dit l'autre.

Il pouvait y avoir quelques pittoresques informations à tirer de ces individus à peu près nus qui entretenaient de pareilles idées. Je les invitai donc à venir se reposer à mon camp où des aliments leur seraient fournis. Après un moment d'hésitation, ils acceptèrent.

Au camp ils s'établirent à part, un peu à l'écart. Je leur fis porter du bois pour allumer du feu et des provisions crues qu'ils cuiraient à leur fantaisie et selon leurs coutumes rituelles. Ils se montrèrent satisfaits de cette prévenance mais me déclarèrent que en tant que sannyâsins ils étaient libérés de toutes les règles de caste et autres et qu'ils mangeaient n'importe quoi préparé par n'importe qui.

J'eus quelques conversations avec eux et ils me dirent qu'ils comptaient se rendre au mont Kailasa à travers les forêts et les montagnes. Cela pouvait être vrai. Des piétons modestes, sans bagages, passent à peu près partout… en y mettant le temps.

Après être demeurée pendant quelques jours à Roumindéi, je décidai d'aller au site que les archéologues considèrent comme étant celui où s'élevait jadis Kapilavasthou. La ville où Souddhodhana régnait a été détruite du vivant du Bouddha au cours d'une guerre à l'issue de laquelle, selon la tradition, tous les parents du Bouddha ont été massacrés. Une nouvelle Kapilavasthou fut bâtie par la suite et c'est de celle-là que l'on a retrouvé des restes. Je ne suis point archéologue, les pierres éparses dans la région ne m'intéressaient pas. Je tenais seulement à « tâter » l'atmosphère psychique locale de Kapilavasthou, à regarder les arbres, les chaînes montagneuses de l'arrière-plan des paysages. Les essences des premiers et la forme des secondes étaient, vraisemblablement, demeurées pareilles à ce qu'elles étaient au temps du maître.

Au pas lent des éléphants nous gagnons un village appelé Tilora où nous campons dans un autre bosquet de manguiers. Toute la journée nous avons erré au hasard à travers des champs et à travers des bois. On m'a procuré des éléphants, un excellent matériel de campement, des serviteurs, des porteurs en nombre beaucoup trop grand, mais pas un homme connaissant la région et capable de comprendre que je veux me rendre aux endroits où des fouilles ont été effectuées et aux lieux auxquels se rattachent des légendes se rapportant à l'histoire du Bouddha.

Il ne m'est pourtant pas désagréable de m'attarder dans ce pays ; il ressemble à l'Inde en certains points et en est très différent en certains autres. Habitations, costumes, type des indigènes sont particuliers, bien des traits de mœurs aussi, les femmes paraissent plus libres que dans l'Inde, moins timide.

Les notables du village viennent me saluer et m'apporter force provisions. Le Maharâjah qui a pris sur lui l'organisation de mon voyage pourvoit, suivant l'usage, à mon entretien et des ordres ont été donnés à cet effet.

Les Tibétains me suivent toujours ; ont-ils conservé l'espoir de contempler autre chose que des arbres ?...

Les Bhairavis se sont familiarisés et me confient que bien que le but de leur voyage soit le mont Kailas, très loin par-delà les pics neigeux, ils ont choisi l'itinéraire qu'ils suivent pour voir le « puits au fond duquel une lampe brille ». Un de leurs collègues Bhairavi l'a vu. Il leur a donné des indications concernant son emplacement ; elles leur semblaient, alors, très précises, mais, maintenant, ils n'en reconnaissent rien parmi les bois. Ils commencent à penser que l'influence des pierres bouddhiques, animées par des démons vindicatifs, trouble leur esprit.

Avec une sorte d'humilité bien étonnante chez ceux de leur espèce dont l'arrogance est proverbiale, les Bhairavis me demandent si je ne pourrais pas, en tant que bouddhiste et yoguini, combattre les forces malignes qui s'opposent à eux. « Vous êtes sur votre terrain, me disent-ils, nous, nous sommes parmi des ennemis. »

Je ne veux pas heurter leur superstition. J'aimerais fort voir le « puits au fond duquel une lampe brille ». Qu'y a-t-il là, un simple racontar, ou un curieux phénomène naturel ? Je me sens toute disposée à me donner quelque peine pour élucider la question. Je promets donc que j'intercéderais pour eux auprès des pierres hantées et que je m'informerais aussi au sujet du puits miraculeux.

Tard dans la soirée un homme arriva porteur d'une lettre du préfet du district. On y disait que l'on m'avait cherchée sans me trouver et, bref, le porteur de la lettre m'était présenté comme un jeune employé de la préfecture, instruit, parlant anglais aussi bien que népalais et hindi et connaissant parfaitement le pays. Il m'aiderait dans toutes les excursions que je désirerais faire. Je commençai par lui parler de Kapilavasthou. Il était au courant. Des fouilles avaient été tentées à un endroit où il me conduirait, on ne les avait pas poursuivies et les murailles découvertes, puis délaissées, s'étaient de nouveau « enfoncées dans le sol ». On pouvait peut-être comprendre ce fait singulier comme la disparition de ruines à peine déblayées, sous les éboulements des terrains voisins.

Il me promit que je camperais le lendemain près du site de l'ancien Kapilavasthou. Il paraît que nous avons fait fausse route, nous n'aurions pas dû aller à Tilora.

Une journée encore se passe à errer à travers bois ; nous ne suivons aucun sentier, les éléphants se fraient un chemin à travers la jungle ; ils évitent les gros arbres, piétinent les halliers et, tout tranquillement, arrachent les branches et les jeunes arbres qui les gênent. Ils ne se préoccupent guère des gens installés sur leur dos, dont les têtes sont enfoncées dans le feuillage. On a pris la précaution d'envoyer deux des éléphants en tête, de sorte que lorsque le mien passe, une trouée a déjà été pratiquée dans l'épaisse végétation.

Camp le soir, non plus dans un bosquet de manguiers, mais dans une clairière en pleine forêt.

Pour ce parcours, les Tibétains ont été invités à monter sur un éléphant. La bête est peu chargée et ne s'apercevra guère de ce surcroît de passagers. Les Bhairavis ont fièrement refusé une offre de même nature, ils ont fait la route à pied dans le sillage des éléphants. Ces « ascètes » doivent avoir la peau dure et imperméable aux épines. Ils ont, ma foi, grand air parmi les halliers, l'air d'hommes préhistoriques cheminant de par la terre vierge.

Tandis que l'on plante les tentes, une tribu de singes accourt pour nous examiner. Les arbres en sont pleins ; ils ne manifestent aucune crainte. J'enjoins que l'on veille attentivement sur les provisions car les singes sont des pillards innés. Je leur montre des oranges et j'en dépose une douzaine au pied d'autant d'arbres. Viendront-ils les prendre ? Je crains, maintenant, d'avoir agi imprudemment, ils sont peut-être une cinquantaine, ne vont-ils pas se battre pour la possession de ces douze oranges ?

Debout au centre de la clairière, je les regarde ; eux regardent les oranges. C'est vite fait, en un clin d'œil des singes se sont laissés glisser le long des troncs d'arbres, ont saisi les fruits et sont remontés à leurs postes dans les branches. Ils ne mangent pas, il ne se querellent pas… Pan, je reçois une orange sur la tête. Bien visé… pan ! une orange sur l'épaule. Ils ricanent là-haut dans la verdure, je me sauve vers ma tente tandis que les coquins me lapident le dos. Pas un coup qui n'ait porté. Des gamins humains ne feraient pas mieux… pas aussi bien peut-être. C'est merveilleux ! Je ris mais je suis meurtrie et je médite. Vouloir faire du bien à son prochain n'est pas chose simple. Comment ces singes ont-ils interprété mes bonnes intentions ? Très mal évidemment. Ils ont dû faire un raisonnement fort compliqué pour se priver des oranges et préférer s'en servir comme armes contre moi, car les singes aiment les oranges. Alors… Que savons-nous de ce qui se passe dans l'esprit de nos autres « prochains » que nous nous imaginons être dénués de mentalité ?

Repos le lendemain.

Il faisait bon s'attarder dans ces forêts tièdes ; l'été les rendrait brûlantes et malsaines car la malaria règne dans la région, mais en cette saison elles étaient tout enchantement.

J'adore les nuits passées, parmi la jungle, sous la tente. Mieux que dans le plus rustique des logis, on s'y sent plongé dans la nature, un avec les choses environnantes. Quel délice d'être seul, blotti dans une couchette étroite touchant au mur de toile qui frissonne sous le vent, écoutant les cris des oiseaux nocturnes, le frôlement d'êtres invisibles, tout proches ; une nuit un serpent avait rampé lentement dans l'herbe sèche près des pieds de mon lit de camp, puis s'était éloigné.

C'étaient mes rêves de petite fille sauvage que je vivais là. Si les dieux avaient été bons, ils m'eussent endormie du grand sommeil pendant une de ces nuits de la jungle. Je les ai souvent priés timidement ; trop timidement, puisqu'ils ne m'ont pas exaucée.

Les pèlerins tibétains semblaient être comme moi submergés par une vague de sérénité. Les deux moines psalmodiaient, en s'accompagnant de la clochette et du tambourin rituels, des livres religieux qui se trouvaient dans leurs bagages ; pendant ce temps, le laïque faisait tourner un moulin à *mani*[1] ou bien il ramassait du bois mort pour faire du feu et cuisinait avec les provisions que Passang lui donnait.

Pour le reste, tous les trois s'abandonnaient à moi. Je les avais conduits au pays natal du Bouddha, je paierais leur transport jusqu'à Bouddha Gaya, je leur avais même promis un peu d'argent en plus ; que pouvaient-ils souhaiter de mieux ? Ils ne cessaient de répéter à Passang que, de retour à Lhassa, ils publieraient partout mes louanges.

Il en allait autrement avec les Bhairavis : ils étaient agités, furetaient aux environs du camp. Le second soir que nous passâmes dans la clairière aux singes, ils se querellèrent violemment et le plus âgé des deux menaça même son compagnon avec la barre de fer que ceux de sa secte, menant la vie errante, portent avec eux comme signe distinctif.

1. Ceux que les étrangers dénomment, très improprement, « moulins à prières ». Il ne s'agit pas de prière. La formule *Aum mani padmé hum !* qui est inscrite sur des bandelettes enfermées dans le moulin est censée avoir une action d'ordre plutôt magique. Elle ne s'adresse à aucun dieu.

Les randonnées à éléphant continuaient, le *babou*[1] qu'on m'avait envoyé ne connaissait pas le pays, bien que sa lettre d'introduction affirmât le contraire. Nous allions d'un bois à un autre sans apercevoir la moindre trace de ruines. Près de Sagrava je vis, entre les buissons, un vaste trou boueux que Lall m'indiqua comme étant l'endroit où l'on avait découvert ce qu'il appelait une « maison ». Il était bien possible, en effet, que cette dépression ait été causée par des fouilles. Non loin de là gisaient deux colonnes.

Près de l'endroit où nous nous arrêtâmes ensuite, beaucoup de fragments de ruines étaient dispersés dans les bois. L'obscurité qui régnait sous les arbres ne permettait guère de prendre des photographies. J'émis l'idée que l'on pourrait faire transporter un certain nombre des morceaux les mieux conservés dans un espace où les branches moins touffues laissaient passer les rayons du soleil, mais les hommes se récrièrent. Ils ne toucheraient pas aux « pierres », il leur arriverait malheur s'ils les déplaçaient.

Sur ce, Lall me montra une statue mutilée adossée à un arbre et me raconta que, quelques années auparavant, des paysans avaient voulu la placer dans le temple de leur village. À cet effet, ils l'avaient, avec beaucoup de difficulté, hissée dans un char à bœufs. Non seulement elle était devenue d'un poids tout à fait anormal, mais encore elle remuait, « ne voulait pas se laisser emmener », disaient les villageois. Les bœufs refusaient d'avancer et, avant d'atteindre le village, la charrette s'enlisa trois fois dans une boue survenue par miracle, car il n'avait pas plu depuis trois mois.

1. *Babou* est le nom que les Indiens donnent à un homme instruit qui, généralement, occupe un poste dans une administration civile, soit au service du gouvernement, soit dans une firme privée.

Dès que la statue eut été installée dans le temple, toutes sortes de maux s'abattirent sur la région voisine. Gens et bêtes devinrent malades, le feu prit à deux granges et réduisit en cendre tout le grain qu'elles contenaient, puis une maison s'écroula au cours d'un ouragan...

Les déités ayant été consultées répondirent qu'il fallait prodiguer des marques de respect à la statue et la ramener à l'endroit où on l'avait prise.

Les paysans suivirent le conseil, ils décorèrent la statue avec des guirlandes de fleurs, brûlèrent de l'encens devant elle et amenèrent un char à bœufs devant la porte du temple pour l'y placer. Cette fois, ils purent le faire aisément, la statue était subitement devenue légère comme plume. Dès qu'elle fut dans le char, les bœufs se mirent d'eux-mêmes en marche et, sans être guidés, se rendirent sans hésitation au lieu d'où on l'avait emmenée contre son gré[1].

Il était difficilc de décider des gens qui croyaient à de telles fables à mettre la main sur ces pierres animées. Je réussis pourtant à en faire ranger quelques-unes dans un endroit éclairé en persuadant aux indigènes que ces fragments d'édifices bouddhiques et moi étions en amicales relations et que s'ils agissaient par mon ordre il ne leur adviendrait aucun mal. Tous les morceaux de sculpture qui avaient été déplacés furent, d'ailleurs, reportés à la place qu'ils occupaient.

Je profitai de l'occasion pour parler à Lall du « puits au fond duquel une lampe brille ».

— Purs racontars, purs racontars, répéta-t-il.

Mais je devinais qu'il croyait à l'existence de ce prodige. Comme d'ordinaire j'eus recours à Passang

1. Ces histoires de bœufs qui ramènent des gens ou des objets à des lieux qui leur conviennent sont assez communes dans l'Inde.

et je lui demandai de tâcher de confesser Lall au sujet du puits.

Le lendemain Passang m'annonçait :

— Il doit y avoir quelque chose à voir par ici qu'ils ne veulent pas nous montrer. Ils ne tiennent pas à le voir eux-mêmes ; ils en ont peur. Lall croit à l'existence du puits, mais il ne veut pas chercher où il se trouve et il vous empêchera de le chercher vous-même. Il croit que les Bhairavis aussi essayent de le découvrir.

» Il y a autre chose encore. Dans l'histoire du Bouddha il est dit que lorsque le Bouddha participa au concours du tir à l'arc, la flèche qu'il décocha perça tous les buts et vola au loin, très loin, très, très loin puis, s'enfonçant dans la terre, fit jaillir une rivière. La rivière est dans cette région, mais, elle, on peut vous la montrer, aucun mal ne s'ensuivra.

Je demeurai ahurie. La rivière de la flèche, c'est elle que cherche un héros du roman célèbre de Rudyard Kipling : Kim. Voilà que je reprenais sa suite ; le caractère romanesque de cette absurdité m'enchantait. Toutefois, je gardais dans l'esprit le puits à découvrir. Qu'est-ce qui avait pu donner naissance à cette légende ?

Un incident inattendu allait quelque peu détourner mon attention du puits mystérieux.

Nous continuions à nous promener, toujours en quête de pierres sculptées croyaient les indigènes qui me servaient ; mais n'ayant aucune compétence en matière archéologique, je me lassai vite de regarder ces débris. Ils ne m'inspiraient que des réflexions philosophiques sur l'impermanence des choses et, vite, je retournais à une autre recherche. Je cherchais à pénétrer l'influence que le climat du pays où je me trouvais et les paysages que je voyais pouvaient avoir eu sur la pensée du jeune homme qui devait devenir le Bouddha.

À part une population moins dense et l'absence d'une capitale d'une certaine importance, j'imaginais que l'aspect de la région n'avait guère changé depuis le temps où Souddhodhana, le prince « riche en riz », régnait à Kapilavasthou. Alors, comme maintenant, des forêts plus ou moins étendues étaient séparées par des espaces défrichés livrés à la culture autour de petits et rares hameaux. Les descriptions qui nous sont données dans les récits concernant la jeunesse du Bouddha justifient cette opinion.

Nous campions une fois de plus sous des manguiers ; l'endroit faisait partie du district de Toliava, ou se trouvait à sa limite. Chaque jour je partais à dos d'éléphant pour parcourir des bois voisins et je rentrais au camp dans la soirée.

Il s'agissait toujours de la recherche des ruines, des « pierres » comme disaient les indigènes. Si j'avais renoncé à ce prétexte, il eût fallu m'en aller ; mon séjour sans motif eût paru bizarre et même suspect.

Un jour, je fus informée que trois colonnes — deux couchées sur le sol et une debout à demi enfoncée dans la terre — se trouvaient dans une forêt dont la lisière s'apercevait à l'horizon, à l'extrémité d'une vaste plaine inculte. Décrivant un demi-cercle le long de celle-ci, une zone boisée, rejoignant la forêt, s'étendait jusque dans le voisinage de mon camp.

La matinée était déjà avancée quand nous fûmes prêts à partir. Lall, qui servait de guide, manifesta l'intention de prendre au plus court en coupant à travers la plaine. Son idée me déplut fortement ; le soleil dardant sur le sol parsemé de cailloux blanchâtres produisait une réverbération aveuglante et la chaleur était torride. Je proposai de passer sous bois en suivant la courbe en bordure de la plaine. Qu'importait d'allonger le trajet de quelques kilomètres, un de plus ou un de moins ne comptait pas pour les éléphants. Mais Lall s'entêta singulièrement, il ne voulait pas passer par la jungle. Je ne me souciais pas de discuter avec lui ; il ne me déplaisait pas, d'ailleurs, de faire une promenade, seule, sous bois. Je demandai donc que les éléphants aillent m'attendre au bout de la plaine où ils me prendraient pour continuer notre route.

Le plaisir que j'avais escompté s'avéra bientôt moins grand que je ne l'avais cru. Ce qui paraissait, à première vue, être un sentier, se trouvait bloqué, de distance en distance, par des halliers qu'il fallait contourner ; il faisait très chaud même à l'ombre, et je commençais à me fatiguer lorsque j'arrivai à une sorte de clairière minuscule et l'envie me prit de m'asseoir. Je cherchai du regard un endroit convenable et, en le faisant, j'aperçus, au pied d'un arbre, de gros os dispersés, évidemment ceux d'un buffle. Un buffle crevé dont les chacals ont dévoré la carcasse, me dis-je.

Je m'assis donc et m'abandonnai à mes méditations favorites.

Au cours de tant d'années passées dans l'Inde, mon esprit s'était meublé non seulement de connaissances d'ordre philosophique mais, en plus, de quantité d'histoires touchant la vie des anachorètes dans les forêts. J'avais aussi, depuis longtemps, pris l'habitude de la méditation intense, la *samadhi* des Indiens, pendant laquelle les perceptions sensorielles ne provoquent aucune réaction mentale, ce qui fait dire improprement que, dans cet état de concentration d'esprit, on ne voit pas, on n'entend pas, etc.[1] C'est là

1. En fait, les sens continuent à fonctionner, mais leurs contacts avec leurs objets respectifs (l'œil avec les formes, les couleurs ; l'oreille avec les sons, etc.) ne sont pas accueillis consciemment par l'esprit et celui-ci ne leur associe pas des idées. Il ne s'ensuit pas que ces contacts et les effets physiques qu'ils déterminent ne soient pas enregistrés et emmagasinés dans les réserves du subconscient.

une technique à laquelle on ne peut guère s'initier qu'en Orient et qu'il ne faut pas confondre avec les pratiques religieuses. Ce genre de « méditation » convient parfaitement à des rationalistes agnostiques.

La solitude et le silence parmi les bois y incitaient, je cédai à leur invitation et le résultat habituel se produisit *à peu près*.

Je dis *à peu près*, car bien que j'eusse en « grande partie » perdu conscience de mon environnement, mes oreilles perçurent un bruit et celui-ci réveilla une activité correspondante dans ma pensée. Ce bruit était celui de pas feutrés, précautionneux et pourtant lourds.

La tentation me vint d'ouvrir les yeux pour regarder de quoi il s'agissait, mais je me gourmandai intérieurement. Fi ! céder à cette curiosité vulgaire par laquelle je me laissai distraire de ma concentration mentale, ce serait honteux !

Oui, fi ! cent fois ; mais la curiosité l'emporta, le bruit avait ccssé, je tournai très légèrement la tête du côté d'où il était venu.

Là, à moins de deux mètres de moi, un tigre me regardait à travers les broussailles.

La première pensée qui me vint, spontanément, fut :

— Oh ! c'est comme dans les histoires des anachorètes, que des tigres viennent visiter dans la forêt.

Dans les histoires et probablement en réalité, les tigres n'attaquent pas les saints ermites. Je me le rappelais, mais en même temps je me demandais si le respect que les seigneurs tigres témoignent aux ermites s'étendrait à moi. Ma robe était de la même couleur que les leurs, mais les tigres voient-ils les couleurs ?...

Et que faisaient les anachorètes dans les histoires ? Ils ne bougeaient point et regardaient le tigre avec amitié. Quelquefois ils le bénissaient en posant la main sur sa tête. Ceci me paraissait aller un peu loin. Je ne doutais pas que certains l'eussent fait, mais je ne me sentais pas disposée à les imiter. D'ailleurs, pour cela, j'aurais dû me lever, marcher vers le tigre, comme le Bouddha de la légende. Non, décidément, je ne le tenterais pas.

Cependant, j'étais tout à fait décidée à supporter l'épreuve proposée à mes nerfs. Je ne déshonorerais pas l'habit des ascètes que j'avais l'outrecuidance de porter. Je restais calme, sans essayer de fuir, ce que ma raison me montrait, du reste, comme propre seulement à donner au gros chat l'envie de sauter sur l'objet mouvant, peut-être même seulement pour jouer, comme le font les petits chats.

Pendant que je me livrais à ces raisonnements, le tigre et moi nous nous regardions fixement, aussi immobiles l'un que l'autre.

Je viens de dire que de longs séjours dans l'Inde avaient meublé mon esprit d'idées très différentes de celles qui ont cours en Occident. Une de ces idées me vint.

— Essaie donc, me dis-je, de reprendre ta méditation et vois si tu peux parvenir, comme les grands yoguins, à te soustraire aux impressions causées par ton entourage et à t'absorber dans la contemplation au point d'oublier le tigre qui est là près de toi.

Mon orgueilleuse présomption fut fouettée par le désir d'émuler les célèbres contemplatifs dont j'avais entendu vanter l'inflexible maîtrise sur eux-mêmes. Et, en même temps, comme il m'est impossible de rien dramatiser, je m'observais narquoisement. Réussirais-je ?...

Je réussis... *à peu près*. Au bout d'un temps qui dut être d'une certaine durée, j'entendis le même bruit de pas précautionneux et lourds. Avançaient-ils vers moi ?... S'éloignaient-ils ?... Ils s'éloignèrent. Cette fois je n'avais pas ouvert les yeux.

Pas mal de temps avait dû s'écouler car Lall s'était impatienté en ne me voyant pas arriver ; il s'était inquiété aussi, et il revenait à ma recherche avec les éléphants. Quand j'entendis la voix des indigènes, je les appelai.

— Que faites-vous là ? me demanda Lall tout étonné de me trouver assise. Êtes-vous malade ?

— J'ai eu la compagnie d'un tigre, répondis-je en souriant.

Les tigres sont nombreux dans cette région, le fait d'en avoir vu un n'avait rien d'extraordinaire.

Tandis que je me relevais, Lall regardait autour de la clairière ; il aperçut les os de buffle.

— Il y a peu de jours, me dit-il, un buffle appartenant à un villageois du voisinage a été saisi par un tigre. La bête a emporté ici des morceaux de sa proie. Vous étiez assise devant son repaire.

Évidemment, le tigre m'avait découverte devant sa « salle à manger ». Il avait dû me trouver importune.

Il était trop tard, ce jour-là, pour aller à la recherche des colonnes ; l'excursion fut reportée au lendemain.

De retour au camp, on me dit qu'un sadhou vêtu d'une belle robe cramoisie de drap fin était venu pour me voir. Il avait assez vaguement indiqué son adresse : près de Râmghât, disait-il, mais dans une région aussi peu peuplée, un yoguin sédentaire est aisément repéré. Je me promis d'aller causer avec lui.

Quant à *nos* sadhous, les Bhairavis, ils nous avaient quittés sans prendre congé et je n'en étais point fâchée ; après la violente querelle qu'ils avaient eue ensemble, je les trouvais de désagréables compagnons de route.

Un messager arriva dans la soirée. Il était à la tête d'une vingtaine de coolies qui m'apportaient un cadeau de provisions et une lettre du préfet de

Toliava. Celui-ci me priait d'aller le voir, il voulait me montrer des statuettes trouvées dans les fouilles.

Je répondis que j'irais.

Les *mahouts* n'avaient pas manqué de rapporter aux indigènes faisant le service du camp que j'avais vu un tigre dans la petite jungle non loin de nous et cela donnait lieu à des commentaires, mais pas précisément à de la frayeur. Il y avait une trentaine d'hommes autour des tentes et la présence de cinq éléphants en imposerait au tigre.

L'obscurité venue, Passang et Lall se retirèrent dans leurs tentes ; je fis de même dans la mienne. Quelques-uns des Népalais s'étendirent parmi les bagages, sous un abri de toile ; la plupart se couchèrent simplement par terre pour dormir et, bientôt, un silence complet régna sur le camp.

Vers le milieu de la nuit, je fus réveillée par un bruit de voix : des hommes s'interpellaient d'un ton excité, d'autres couraient à travers le bosquet. De puissants rugissements m'apprirent immédiatement la cause de ce tumulte : un tigre rôdait dans les environs. *Mon* tigre, vraisemblablement. Souhaitait-il, poliment, me rendre la visite que je lui avais faite ?…

Les mahouts détachèrent les éléphants enchaînés par le pied. Ceux-ci barrirent tandis qu'on les amenait à la lisière du bosquet. Ils avaient entendu l'ennemi rugir, mais le tigre aussi, les entendit et renonça à sa visite, s'il en avait eu l'idée. Une heure plus tard, ses rugissements nous parvinrent encore, venant de très loin.

Le préfet de Toliava appartenait à l'aristocratie Gourkha. Il vivait dans ce coin perdu du Népal comme un seigneur campagnard. Il me reçut très aimablement.

On lui avait déjà rapporté mon aventure avec le

tigre. Elle ne l'étonnait pas beaucoup. Il chassait le tigre dans la région et les peaux étendues sur les murs de son salon témoignaient de ses rencontres avec eux. Rencontres moins amicales que la mienne, disait-il en riant.

— Il est rare, affirmait-il, que le tigre attaque l'homme. Le regard fixe de quelqu'un qui demeure immobile devant lui suffit, en général, pour le faire fuir. Seuls les tigres qui ont déjà tué et dévoré un homme sont véritablement dangereux. D'ailleurs vous êtes un sadhou, conclut-il. Et il s'inclina, toucha mes chaussures du bout des doigts qu'il porta à sa tête, ce qui est le plus grand témoignage de respect d'après la coutume indienne. Le geste signifie « je mets la poussière de vos pieds sur ma tête », une formule tout orientale souvent répétée en parole ou par écrit.

Le préfet me montra quelques jolies statuettes trouvées dans des fouilles et divers objets fabriqués par des orfèvres népalais.

Sachant que je m'intéressais spécialement aux questions religieuses, il avait convoqué, pour mon bénéfice, un sadhou et un ermite qui habitaient dans sa circonscription.

Le sadhou avait le visage barbouillé de safran et le signe des adorateurs de Vishnou était peint sur son front. Il ne manquait ni d'érudition, ni d'intelligence, mais se montrait effroyablement poseur. Il regardait de haut l'ermite, un indigène des Himalayas de la race autochtone, les Möns, appelés Lépchas au Sikkim et Kiratis par les anciens Indiens. Celui-ci était de petite taille, sa tignasse embroussaillée descendait jusqu'à ses yeux très vifs qui, parfois, semblaient lancer des éclairs. Il était vêtu d'une houppelande faite d'une étoffe tissée avec des fils d'une certaine espèce de ronce : une fabrication particulière aux régions himalayennes. Il se disait sectateur de l'antique religion des Böns, analogue en bien des points au taoïsme. Il sortait rarement de la forêt où se trouvait sa hutte et déclarait qu'il est inutile de parcourir le monde, car l'on peut voir l'univers entier dans un grain de sable.

Après ces entretiens, le préfet me conduisit au temple local qui était dédié à Shiva.

Shiva est le dieu « officiel » du Népal, son protecteur ; il est représenté, assis parmi les neiges du mont Kailas, dans les armes du Népal.

Le culte shivaïte est religion d'État au Népal ; elle y est professée par les conquérants du pays : les Gourkhas. Les vaincus, les Newars, dont le nombre est considérablement plus élevé que celui des Gourkhas, adhèrent, comme je l'ai dit, à un bouddhisme composite et dégénéré.

Il s'en faut, du reste, que tous les Gourkhas s'en tiennent uniquement au culte de Shiva. Le préfet de Toliava me confia qu'il était Shakta, c'est-à-dire qu'il vénérait la déesse. Des déclarations analogues m'avaient déjà été faites par de hauts fonctionnaires de Katmandou.

Le temple de Toliava consistait en un grand bâtiment sans aucun style, qui contenait nombre d'appartements séparés par des galeries. Le sanctuaire se trouvait dans une cour dallée et ne se distinguait que par son toit pointu, de forme spéciale, qui le désignait comme un *shivalaya* (demeure de Shiva).

Le préfet en fit ouvrir la porte pour me montrer l'intérieur. Ce n'était qu'une cellule nue ; un lingam de marbre noir haut d'environ trois mètres la remplissait presque entièrement, ne laissant libre que juste l'espace nécessaire pour effectuer la *pradakshina*, c'est-à-dire pour circuler révérencieusement autour de lui et, aussi, pour permettre au *poûdjari*, le brahmine officiant, de procéder à l'ârati vespéral.

C'en était précisément l'heure. Le brahmine arriva le torse nu, barré du cordon sacré, un drap de coton blanc l'enveloppant de la ceinture aux pieds. Devant le lingam, il balança les offrandes : l'eau, l'encens, les fleurs et la lampe aux multiples petites flammes. Conques, cloches et gongs firent leur tapage habituel, discordant et brutalement impérieux.

Le préfet et sa suite s'étaient immobilisés les paumes des mains jointes dans l'attitude respectueuse de l'esthétique salut indien.

Poliment, Passang et moi les imitâmes ; ce n'était pas la première fois que je rendais hommage au Grand Dieu, Shiva Mahadéva, personnification du couple inséparable : création-destruction.

Comme nous nous retirions, Passang me glissa, en tibétain, à l'oreille :

— C'est tout de même bizarre d'adorer un *potsén*[1].

— Vous avez Jigdjé[2], au Tibet.

— Mais Jigdjé a une *youm*[3] et aussi un corps humain avec une tête de taureau. Nous ne l'adorons pas, c'est une image servant à la méditation.

— Le lingam aussi a une youm, mais comme Shiva n'est pas représenté par une forme d'homme, son épouse n'est pas représentée par une forme de femme.

— Ces grands lingams noirs ont l'air terrible. Shiva est un dieu dangereux.

— C'est le dieu des ascètes : le Destructeur… Tu te marieras un jour, tu auras des enfants et ceux-ci, jeunes ou vieux, mourront inévitablement plus tard[4].

— Ce n'est pas gai, conclut mon Tibétain.

1. En tibétain, un phallus.

2. Jigdjé : « l'effrayant » est une forme tibétaine de Bhairava qui est, lui-même, une des formes de Shiva.

3. *Youm*, en tibétain, est le terme du langage respectueux signifiant « mère ». Les sectes tantriques représentent Jigdjé tenant enlacé son épouse symbolique, son « énergie ». Les Tibétains lui donnent le nom de *mère*. Les épouses des lamas tantriques sont aussi appelées *youm* par respect.

4. Il se maria mais n'eut pas à souffrir la perte de ses enfants car il n'en eut pas, et lui-même mourut jeune.

Notre colloque, dans un coin de la cour, occupa le temps que prirent le préfet et quelques autres personnes à tenir ensemble un petit conseil.

Le résultat de leur conversation fut que l'on m'apprit qu'un érudit sannyâsin d'Hardwar voyageant dans la région s'était arrêté pour quelques jours dans un appartement du temple. Il me recevrait volontiers si je désirais causer avec lui.

Hardwar est une localité située à l'endroit où le Gange, sortant des montagnes, touche la plaine de l'Inde. Le lieu est considéré comme terre sacrée et de nombreux sadhous, sannyâsins et yoguins de toutes sectes et de tous caractères y ont établi leur résidence. Le fait de vivre à Hardwar confère une respectabilité particulière à un ascète.

Le sannyâsin s'appelait Soukkha Ananda et se donnait le titre de *paramahansa*, le plus haut degré dans l'ordre des sannyâsins.

Il me sembla qu'il était fortement adonné au *bhang*[1]. L'état d'excitation dans lequel il se trouvait dénotait qu'il venait d'en fumer plusieurs pipes. Il tenait encore la sienne en main et il en fuma plusieurs autres au cours de notre conversation. Plusieurs des notabilités de Toliava assistaient à l'entretien et y prenaient part.

Tous les Orientaux aiment discourir et discuter. Les sujets religieux et philosophiques qui, chez nous, n'intéressent qu'une fraction infime de la population, passionnent un grand nombre d'entre eux. Notre visite à Soukkha Ananda se prolongea pendant plusieurs heures et il y avait longtemps qu'il faisait nuit lorsque nous nous décidâmes, enfin, à nous séparer.

Après m'avoir déposée devant la demeure du pré-

1. *Bhang* est le nom indien du haschisch qui est fabriqué avec le chanvre indien. Dans le Proche-Orient le haschisch est mangé, on en fait même une sorte de confiture. Dans l'Inde, il est, surtout, fumé. C'est un intoxicant, mais différent de l'opium.

fet, les mahouts avaient emmené les éléphants hors du village pour les laisser se reposer à l'ombre, manger, boire et se baigner. Ils comptaient qu'on les ferait appeler lorsque je désirerais rentrer.

Je demandai qu'on n'en fît rien. Une promenade par un beau clair de lune, pour aller jusqu'à l'endroit où les éléphants attendaient, me parut devoir être agréable après être demeurée assise à l'intérieur pendant une grande partie de la journée.

Le préfet tint à m'accompagner avec sa suite. Un soldat marchant en éclaireur portait un fusil et sa ceinture servant de cartouchière était bourrée de projectiles. Deux autres soldats armés de sabres recourbés appelés *koukri* nous encadraient et trois autres fermaient la marche. Les chaussettes des gens de la « suite » étaient trouées et leurs habits quelque peu fripés et râpés. Notre petit cortège n'en prétendait pas moins à une apparence de dignité. En vérité, il était pompeusement grotesque, comme bien des choses en Orient !... et ailleurs. Mais ce que l'on ne rencontre pas toujours ailleurs, c'est que certains de ces hommes de misérable apparence étaient doués d'une intelligence remarquable.

Bien qu'il fût près de minuit quand j'eus regagné mon camp, mon cuisinier ne s'était pas couché et m'attendait. Il paraissait bouleversé.

— Le plus grand des Bhairavis est revenu il y a peu de temps, me dit-il. Il m'a réveillé, il était très agité et voulait que je lui donne, immédiatement, des provisions de route parce qu'il s'en allait tout de suite. Il avait l'air très méchant et comme je lui disais d'attendre au lendemain pour vous demander ce dont il avait besoin, il me menaça avec sa latte en fer. J'ai eu peur. Vous lui donniez des vivres, j'ai cru que je pouvais lui en donner aussi. Il en voulait beaucoup. Je lui ai demandé où était son compagnon. Il a fait alors une mauvaise figure, m'a regardé comme s'il allait me tuer, et m'a répondu que l'autre Bhairavi était déjà parti. Puis quand il a eu son paquet, il l'a chargé sur son dos et s'est sauvé en courant.

Il a dû faire un mauvais coup, conclut le cuisinier. Il avait l'air d'un démon. Sîtâ Ram, le porteur d'eau, qui l'a vu était aussi effrayé que moi.

Que signifiait cette fuite dans la nuit ? Qu'était devenu l'autre Bhairavi ?

— Il a été tué par celui qui s'enfuyait, dit Passang. Ils se seront encore disputés comme l'autre jour.

— À moins que tandis qu'ils étaient dans les bois pendant la nuit, le tigre que j'ai rencontré ne l'ait saisi, avançai-je.

— Ou bien le puits l'aura avalé, murmura Sîtâ Ram à mi-voix.

Les deux Bhairavis cherchaient le puits « au fond duquel une lampe brille » ; ils me l'avaient dit. Pourquoi ils le cherchaient, cela était leur secret. Un puits qui « avale » les gens me semblait encore plus miraculeux qu'un puits au fond duquel se trouve une lampe. Je ne voulais pas quitter la région sans avoir vu ce phénomène.

Passang m'avait rapporté qu'un homme parmi ceux qui étaient avec nous avait vu ce puits. Je comprenais, maintenant, que c'était probablement Sîtâ Râm, le brahmine porteur d'eau[1], qui venait de parler. Je me promis de l'interroger le lendemain.

— Ces Bhairavis sont des exaltés, des fous, dis-je pour clore l'incident. Ne nous occupons plus d'eux. Et j'allai me coucher.

— Passang, dis-je le lendemain à mon boy, nous devons voir ce fameux puits. Il ne s'agit probable-

1. La question de caste joue un grand rôle dans la distribution de l'eau. Un Hindou ne doit pas accepter de l'eau de n'importe qui, mais tous peuvent boire l'eau servie par un brahmine. Pour cette raison on se sert souvent de brahmines comme porteurs d'eau.

ment que de racontars concernant un puits quelconque, n'importe. Sîtâ Râm doit nous y conduire.

— Voudra-t-il ? Il aura peur.

— J'essaierai de le convaincre. Dis-lui de venir, mais qu'il ne raconte à personne que je m'intéresse au puits.

Quelques instants plus tard Sîtâ Râm était dans ma tente.

— Qu'est-ce que cette histoire de puits dans lequel il y a une lampe, Sîtâ Râm ? Raconte-la-moi, demandai-je.

Le porteur d'eau devait s'attendre à être interrogé, il ne fit aucune difficulté pour répondre.

— Vous êtes bouddhiste, me dit-il, le puits est bouddhiste comme les pierres que vous photographiez, il n'arrivera pas de mal si je vous dis ce qu'il y a dans le puits.

Il me raconta alors, qu'à une époque, que son ignorance des faits historiques ne lui permettait pas d'indiquer, des temples bouddhiques avaient été détruits dans la région où nous étions. Il était arrivé, alors, qu'une statue du Bouddha qui se trouvait sur un autel avec une lampe brûlant devant elle avait résisté à tous les efforts que l'on avait fait pour la briser. Quant à la lampe, on n'était point parvenu à l'éteindre ; bien que vide d'huile elle continuait à brûler et elle se déplaçait d'elle-même pour se mettre au pied de la statue du Bouddha quel que soit l'endroit où l'on plaçât celle-ci. Rendus enragés par ce prodige, les envahisseurs avaient jeté la statue et la lampe dans un puits.

— Le puits est très profond, continua Sîtâ Râm, et l'on ne peut pas apercevoir la statue qui s'est enfoncée dans la terre, mais la lampe continue à briller sous l'eau.

Il y a là un mystère qu'il ne faut pas violer. Si l'on s'avance trop près du bord du puits, le sol se met en mouvement, attire l'imprudent, l'aspire et le précipite dans le puits.

À la saison des pluies, le puits n'est pas visible car il se trouve dans le lit d'une rivière et les hautes eaux le recouvrent. Il est même difficile de le discerner pendant l'hiver parce que généralement il est rare que le lit de la rivière soit complètement à sec.

J'étais renseignée concernant la légende. Le plus difficile était à faire. Il fallait décider Sîtâ Râm à me conduire au puits.

— Où est situé ce puits, Sîtâ Râm ?

Le porteur d'eau fit un geste vague.

— Il ne peut pas être très loin d'ici puisque tu as dit, hier soir, qu'il avait pu avaler un des Bhairavis.

— Non, pas très loin.

— Tu dois m'y conduire avec Passang, nous sommes bouddhistes tous les deux, le puits ne s'irritera point.

— Non, je ne puis pas faire cela.

— Pourquoi ? Tu as vu le puits, toi, et il ne t'en est rien survenu de fâcheux. Pourquoi allais-tu au puits ?

Il me fut difficile d'arracher la confession de Sîtâ Râm. Son fils, un tout jeune enfant, était malade : ni médicaments, ni sacrifices aux dieux n'arrivaient à le guérir. Le petit allait mourir. Alors le père désespéré voulut tenter d'implorer l'aide d'une autre déité : la mystérieuse statue immergée, devant laquelle une lampe brûle depuis des siècles. Tremblant de peur il s'était rendu dans le bois, portant des guirlandes de fleurs qu'il avait jetées dans le puits en proférant sa requête, et l'enfant guérit.

Ce témoignage de bienveillance que la déité habitant le puits lui avait donné n'avait pourtant pas dissipé la terreur que celui-ci lui causait. Qu'il causait du reste à tous ceux qui en parlaient sans l'avoir jamais vu. Le brave homme arguait qu'il était allé là pour une bonne raison, celle de sauver son fils. Le bouddha qui réside dans le puits avait eu pitié de lui, mais m'y conduire sans autre raison que de satisfaire ma curiosité était chose différente. Le bouddha pourrait s'offenser et le punir. Décidément, il ne pouvait pas me guider.

— Sîtâ Râm, ce sont cinquante roupies pour toi, si je vois la lampe dans le puits.

L'homme devint blême, il tremblait, sa face crispée témoignait ouvertement du combat qui se livrait en lui.

Cinquante roupies, à cette époque, dans ce pays et pour un homme de sa condition, étaient une somme considérable ; de quoi faire bonne chère, à la mode indigène, pendant un an.

— Ce serait risquer ma vie, murmura-t-il.

— Cent roupies pour toi Sîtâ Râm si je vois la lampe et je te donne l'assurance qu'aucun mal ne t'adviendra, ni à toi, ni aux tiens.

Le pauvre porteur d'eau était vaincu.

— Promettez-moi que vous n'en parlerez à personne, dit-il. Il faudra aller là à pied, vers le soir ; ni Lall ni les autres ne devront s'apercevoir que vous quittez le camp avec moi. Vous ne pouvez pas aller au puits d'ici, nous en sommes trop loin. Un de ces jours, quand nous en serons plus près, je vous avertirai.

Comme il me quittait, il insinua, comme si le renseignement n'avait aucun rapport avec notre projet :

— On dit qu'il y a beaucoup de « pierres » dans les jungles de Sénaména.

Je compris cette information comme tendant à m'indiquer la direction vers laquelle je devais me diriger.

Le lendemain, tandis que je faisais ma toilette, j'entendis chantonner à voix basse. Quelqu'un tournait autour de ma tente en psalmodiant des mots que je ne pouvais distinguer. J'écartai légèrement les rideaux et collant un œil contre l'ouverture je vis un homme tenant des bâtons d'encens en main, qui circulait en psalmodiant. J'aurais voulu lui demander ce qu'il faisait, mais je n'étais pas suffisamment vêtue pour sortir et quelque hâte que je fisse pour m'habiller, l'homme avait disparu quand je sortis de ma tente. Je vis seulement qu'il avait planté en terre de petits faisceaux de bâtons odorants à divers endroits autour de ma tente ; la fumée qu'ils répandaient parfumait agréablement l'air.

Que signifiait cette singulière cérémonie ? Était-ce un témoignage de respect ou, au contraire, un rite destiné à chasser les démons et, en la circonstance, pour me chasser, moi, considérée comme étant de race malfaisante ?

Ma tente était plantée à l'écart, personne n'avait remarqué le singulier personnage et je ne sus pas ce qu'avaient été ses intentions.

Dans l'après-midi, je me mis à la recherche du sadhou vêtu de drap rouge et le rencontrai comme il venait au camp pour me voir. Il appartenait à une des sectes des Vaishnavas qui reconnaissaient Chaitanya comme une incarnation divine.

Un mot en passant sur cette secte dont les adeptes sont nombreux dans l'Inde.

Contrairement aux doctrines panthéistes qui prévalent parmi les intellectuels hindous, les Vaishnavas considèrent Dieu comme une personnalité. Ils croient que Dieu, auquel ils donnent le nom de Vishnou, se manifeste sur la terre par des avatars, c'est-à-dire, des incarnations sous forme humaine. Les deux grands avatars de Vishnou sont Krishna et Râma Tchandra. Ceux-ci auraient vécu dans une Antiquité extrêmement reculée, si bien que certains, parmi leurs fidèles, se prennent à douter qu'ils aient eu une existence historique.

Pour satisfaire leur désir d'avoir, plus près d'eux, un objet d'adoration, ils ont divinisé en lui conférant le rang d'avatar, un Bengali appelé Nimaï, né en 1486 à Nadia, une ville située à environ cent kilomètres au nord de Calcutta. Le nom de *Chaitanya* lui fut donné lorsqu'il devint sannyâsin.

Sa biographie, telle que ses disciples l'ont écrite, nous montre, sous la multitude des prodiges dont ils l'ont ornée, un homme fantasque, malade, sujet à des syncopes fréquentes, peut-être à des crises épileptiques. Volontairement, ou au cours d'une des crises auxquelles il était sujet, il se noya dans la mer tandis qu'il prenait un bain.

La déclaration suivante qui me fut faite par un Indien lettré, haut fonctionnaire, confirmera ce que je viens de dire sur la divinisation de Chaitanya.

— Dieu est loin de nous, me dit-il, Râma et, surtout, l'aimable et tendre Krishna en sont plus près. Mais quant à Chaitanya, aucun doute ne peut s'élever à propos de sa réalité. Il a vécu, nous savons où et comment. Il est Dieu Tout-Puissant, mais en même temps, un homme comme nous. Notre soif d'amour de Dieu peut donc se satisfaire en l'aimant.

Ce n'est pas ici la place de décrire les particularités vraiment curieuses de cette secte des Vaishnavas.

De même que pour tous les autres entretiens que j'eus, au Népal, touchant des sujets religieux ou philosophiques, j'omettrai de rapporter les théories que m'exposa le sadhou Vaishnava qui portait une si belle robe de drap cramoisi. Ces questions demandent à être traitées à part et non parmi des récits de voyage.

Je m'attardai encore pendant quelques jours au même endroit. Le préfet me rendit ma visite et, pour l'édification de ceux qui m'entouraient, Passang et moi, assistés par les pèlerins tibétains, nous célébrâmes un culte à la mode bouddhique.

Je fis annoncer, dans les villages voisins, qu'une distribution gratuite de riz serait faite aux pauvres. L'affluence fut grande. Ceux qui se présentèrent n'étaient probablement pas tous des miséreux, mais il est douteux qu'ils fussent riches.

Aux serviteurs attachés au camp l'on servit un repas de jour de fête ; chaque éléphant reçut vingt épaisses galettes[1] et une corbeille de fruits, et, pour finir, l'on répandit dans les bois voisins du grain pour les oiseaux, pour les fourmis, pour quiconque de la gent animale aimerait s'en régaler.

Les moines tibétains ajoutèrent à ces dons pratiques des récitations de textes sacrés, supposés propres à procurer la santé et la prospérité à tous les êtres. Ils firent tinter leurs clochettes et résonner leurs tambourins, leur compagnon laïque souffla dans une conque et tout le monde parut enchanté.

Lall m'informa que, d'après les renseignements qu'il avait recueillis, des ruines se trouvaient dans les forêts de Sénaména. Je pensai immédiatement que Sîta Râm avait nommé Sénaména et ces ruines paraissant m'indiquer, de façon détournée, la direction à suivre pour me rapprocher du puits. Je répondis à Lall que j'irais à Sénaména pour voir les ruines.

Nous nous remîmes en route. Tentes et bagages étaient toujours expédiés de grand matin afin qu'à mon arrivée au camp j'y trouve mon tub, mon repas et mon lit prêts. En général, je ne gardais avec moi que deux éléphants : un sur lequel je montais avec Passang et l'autre qui transportait Lall et ses deux sous-ordres.

Le parcours à travers d'épaisses forêts fut le plus

1. Ces galettes sont le pain cuit, à la mode indigène, sur une pierre plate posée sur de la braise.

beau de tous ceux que j'avais effectués jusque-là dans le Téraï. Toute à mon admiration, je laissais passer les heures sans m'en apercevoir. Lall, je crois, sommeillait ainsi que ses deux compagnons. Pendant ce temps les mahouts se trompèrent de direction et la nuit vint tandis que nous errions à travers la jungle sans avoir atteint le camp et sans savoir de quel côté il fallait le chercher.

Sous un beau ciel étoilé nous continuâmes à marcher à l'aventure, passant des bois à des rizières et à des champs, puis rentrant de nouveau sous bois.

Les mahouts acceptaient la situation avec autant de calme que leurs éléphants. Lall, réveillé mais complètement désorienté, avait renoncé à donner des ordres et demeurait silencieux. Passang faisait de même et doucement balancée dans le *howdah*[1], je jouissais délicieusement de cette marche nocturne que l'imagination pouvait représenter comme sans but et ne devant jamais finir.

Des chacals glapirent presquc sous les pieds des éléphants et, tout au loin, on entendit vaguement le rugissement d'un tigre. Les éléphants firent un pas plus rapide que les autres, un seul, puis ils reprirent leur marelle flegmatique.

Nous découvrîmes notre camp vers le milieu de la nuit ; il se trouvait sur le territoire de Bunkatwa.

De ce camp je me proposais, comme je l'avais déjà fait en séjournant ailleurs, d'explorer chaque jour une partie différente des forêts voisines dans lesquelles on signalait l'existence de ruines.

Je découvris en effet des vestiges de murailles. De quelle époque dataient celles-ci ? Je n'étais pas qualifiée pour émettre une opinion valable à ce sujet. Je

1. *Howdah* : les banquettes formant sièges posées sur le dos de l'éléphant ou mieux une sorte de caisse qui peut être richement garnie et pourvue d'un toit dans laquelle les voyageurs s'assoient sur des coussins. C'était dans un *howdah*-caisse que je voyageais.

continuais à regarder le pays, à m'imprégner de son atmosphère.

Il y avait déjà cinq jours que nous campions à cet endroit lorsque Passang vint m'annoncer la grande nouvelle : « Le lendemain nous irions voir le puits. »

Sîtâ Râm n'avait pas dû cesser de songer aux cent roupies que je lui avais promises — une fortune ! — et il avait trouvé le moyen de les gagner.

Il était impossible que j'aille à pied jusqu'au puits, la distance à parcourir était trop grande. J'aurais été obligée de partir du camp dans la matinée, ou dans le milieu de la journée, et Lall se serait étonné de mon absence prolongée. Notre petite expédition devait s'effectuer en fin d'après-midi alors que Lall et les autres pouvaient me croire retirée dans ma tente comme cela m'arrivait souvent.

Le porteur d'eau avait pu s'assurer l'aide d'un des mahouts. Après que je serais rentrée d'excursion, celui-ci conduirait son éléphant assez loin hors du camp, faisant mine de se rendre à un village voisin pour y passer la soirée. Passang, Sîtâ Râm et moi nous le rejoindrions et, étant pourvus d'une monture, nous irions au puits aussi rapidement que possible.

En exposant ce plan à Passang, Sîtâ Râm avait eu soin de l'informer que le mahout comptait être récompensé pour le service qu'il nous rendait et que, d'autre part, lui, Sîtâ Râm, espérait n'être pas obligé de prélever cette gratification sur ses cent roupies.

Je promis dix roupies à donner en rentrant au camp et dix roupies de plus lorsque je quitterais le Népal si le mahout avait gardé le silence et que personne n'ait su où j'avais été.

Je m'étais excitée sur cette légende d'une lampe brillant au fond d'un puits ; je la trouvais non seulement jolie mais émouvante. Même si elle n'était qu'un pur conte, sans aucun fondement dans la réalité, on pouvait lui attribuer un sens symbolique. En pensant ainsi je me consolais d'avance de ne voir aucune lampe et d'avoir inutilement gaspillé cent vingt roupies. Inutilement ?... Peut-être pas tout à fait puisque le mystère de cette escapade secrète était amusant.

Et nous voilà partis ; le mahout presse sa bête dont les longues enjambées précipitées nous secouent affreusement. Il n'est guère agréable de monter un éléphant ou un chameau qui trotte. Nous nous enfonçons dans la jungle, le jeu des buissons piétinés et des jeunes arbres arrachés recommence, nous n'avançons plus que lentement, nous traversons une petite rivière. Comment s'appelle-t-elle ? Sîtâ Râm répond que son nom est la Bouraha. J'ai noté un moment d'hésitation avant qu'il parle et je crois deviner qu'il a menti. Il ne veut sans doute pas que je puisse situer trop exactement l'endroit où nous allons et l'indiquer à d'autres.

Sîtâ Râm nous invite à descendre. C'est vite dit, mais comment ? l'éléphant ne s'asseoira pas dans ces fourrés. Peut-être le ferait-il si cela lui plaisait, mais le mahout, pour des motifs probablement raisonnables, ne le lui commande pas. Sîtâ Râm a saisi un bout de corde qui pend au howdah et s'est laissé glisser. Et moi ?... Le mahout dit que l'éléphant m'aidera si je veux ôter mes souliers. Je n'aurai qu'à poser un pied sur sa trompe qu'il repliera comme un marchepied, le mahout monté sur sa bête me soutiendra à l'aide de mon écharpe et Sîtâ Râm me recevra à terre. Singulière manœuvre. Je sais bien que les Indiens montent en posant un pied sur la trompe repliée de l'éléphant et sont hissés par lui tandis qu'ils s'accrochent à ses oreilles, mais c'est une gymnastique que je n'ai jamais pratiquée jusqu'à ce jour. L'éléphant s'y prêtera probablement de son mieux ; depuis qu'il voyage avec moi je lui ai quotidiennement distribué des friandises ainsi qu'à ses compagnons, tous tendent leur trompe vers moi dès qu'ils m'aperçoivent et ne nourrissent, certainement, que de bons sentiments à mon égard, c'est de mon agilité que je doute.

Enfin la manœuvre réussit. Si rapide qu'ait été le passage de ma tête au niveau du petit œil de la grosse bête, il m'a semblé y discerner un éclair de malice. Je me méprenais, sans doute, mais qui sait, l'éléphant s'égayait peut-être à mes dépens ; ces animaux placides dissimulent un fond insondable d'humour.

L'éléphant fut laissé à la garde de son mahout et nous nous enfonçâmes à pied dans la forêt en suivant les pistes frayées par les fauves ; nous atteignîmes, ainsi, une rivière étroite presque à sec, un affluent, je supposai, de celle que nous avions traversée. J'espérais que nous ne tarderions pas à atteindre notre but car le jour tombait et il faisait, déjà, presque nuit sous les arbres.

Sîtâ Râm avait rompu plusieurs branches, il m'en tendit une pour me servir de canne.

— Il faut marcher dans la rivière, me dit-il et il y entra pour me précéder.

Il me répugnait de patauger, pieds nus, dans cette eau noire dont le fond devait être plein de branches cassées, de boue et peut-être d'insectes venimeux. Je préférai mouiller mes souliers de toile, que j'avais remis après être descendue de l'éléphant.

L'eau venait à peine au mollet ; sous elle, le terrain était visqueux ; je marchais lentement, sondant devant moi avec la branche d'arbre, la boue devenait plus épaisse à mesure que j'avançais. Tout à coup Sîtâ Râm étendit les bras pour m'arrêter et planta, en face de moi, comme une barrière, les branches qu'il avait apportées.

— N'allez pas plus loin, me dit-il, appuyez-vous sur les branches et regardez dans la rivière.

J'obéis. Sous l'eau on distinguait le large orifice d'un trou : d'un puits comme le disaient les indigènes. Cet orifice encerclait une tache plus noire dans l'eau noire de la rivière et vers le milieu de cette tache noire, à une très grande profondeur, une petite flamme brillait…

— *Kyab sou tchiwo* [1] *!* s'exclama Passang chancelant.

Sîtâ Râm le saisit par le bras.

— Attention ! lui dit-il, tenez-vous ferme.

La petite flamme brillait, je ne rêvais pas, Passang l'avait vue comme moi. Quelle substance pouvait produire cet effet sous une aussi grande épaisseur d'eau ?… Mais une singulière sensation me tira de mes réflexions, j'avançais sans marcher, je me trouvais plus près d'un arbre penché vers la rivière que j'avais remarqué au moment où je m'étais arrêtée.

— En arrière !… N'avancez plus !… cria Sîtâ Râm.

Je dus faire un effort pour arracher mes pieds de la boue dans laquelle ils étaient enfoncés. Après avoir rétrogradé de quelques pas je me retournai. Les branches que le porteur d'eau avait plantées comme un garde-fou me parurent ne plus être à la même place. Sans que je l'eusse remarqué Sîtâ-Râm y avait attaché une guirlande de soucis dont le jaune vif rayonnait dans la demi-obscurité. Tout à coup elles oscillèrent et sans se renverser, elles s'engouffrèrent tout droit dans le puits. Un murmure à peine perceptible accompagna leur chute et une lueur parut sur l'eau. Passang et moi demeurions pétrifiés…

Les ténèbres s'avançaient à travers la jungle, nous enveloppant insidieusement, quelques cris d'animaux

1. « Je prends refuge. » Expression tibétaine d'étonnement mêlé de peur, désir de protection.

nocturnes percèrent le grand silence et l'éléphant barrit.

— Allons-nous-en vite, commanda Sîtâ Râm.

L'éléphant se balançait avec impatience, il barrit encore une fois. Qu'avait-il ?...

— Dépêchons-nous, fit le mahout qui semblait aussi impatient que sa bête.

Laissez-vous faire, me dit-il, Nag est très doux. Je monte et vous aiderai.

Juché à son poste, sur le cou de sa bête, il me lança une corde que je saisis machinalement.

— Tenez ferme ! cria-t-il.

Que devais-je me laisser faire ? Je n'eus pas le temps de le demander. Le mahout prononça un mot et Nag, enroulant sa trompe autour de moi, me souleva tandis que je me retenais à la corde, et me remit délicatement à son conducteur qui m'aida à m'asseoir dans le howdah. Sîtâ Râm et Passang y étaient déjà remontés en se hissant à l'aide d'une corde.

Et en route, sans traîner.

Le mahout croyait que l'éléphant avait senti le voisinage d'un tigre ; c'était possible, bien que ce seigneur ne manifestât sa présence par aucun signe.

Nous mîmes pied à terre à peu de distance de ma tente ; cette fois Nag s'assit pour nous laisser descendre. Tout le monde dormait au camp et, pour n'y réveiller personne, Passang se coucha dans l'espace existant autour de ma tente, sous son toit extérieur.

Nous avions vu le « puits au fond duquel une lampe brille ». Je ne me suis jamais expliqué ce qui produit ce phénomène, mais j'ai fort bien compris que les environs du puits sont des terrains mouvants et qu'il n'est pas « miraculeux » d'être « avalé » par le puits.

Les Himalayas, où j'ai vécu pendant longtemps, offrent beaucoup de phénomènes d'apparence miraculeuse, ils sont, par excellence, une terre d'enchantement et de prodiges. Peut-être, un jour, en raconterai-je quelque chose.

La chaîne des Himalayas a ceci de particulier que, sur sa plus grande étendue, elle jaillit pour ainsi dire soudainement de la plaine comme un rempart érigé, volontairement, pour la défense des terres septentrionales contre l'intrusion de l'Inde. Nous terminerons notre randonnée au pays du Bouddha en allant nous heurter à ce rempart.

Lall a proposé de pousser jusqu'à Bouthwal, un bourg, où réside une petite garnison, tout à fait au pied des montagnes. Nous nous y rendons en traversant des jungles merveilleuses. À Bouthwall c'est le jour du marché, le long d'une route qui traverse le village, des marchands ont étalé, par terre, des corbeilles de riz, des légumes, des fruits, quelques pièces de cotonnade et tous les articles disparates que l'on rencontre dans les bazars orientaux.

Je ne m'intéresse plus à rien ; je sais que le moment du départ s'approche, que les Himalayas sont devant moi et que je vais les abandonner. Les reverrai-je jamais ?… Je me le demande. Je ne puis pas percer l'avenir et savoir qu'ils me recevront de nouveau, dans leurs replis, pour très longtemps.

Tandis que nous campons près de Bouthwal, je fais, seule, quelques promenades, gravissant les premières pentes des montagnes sacrées. Ce serait le moment, dirait un Hindou, d'exprimer un souhait et de l'adresser aux dieux habitants des Himalayas.

Les dieux des Himalayas ?… Pourquoi les imaginer distincts des Himalayas eux-mêmes ?… Souriant de mon geste puéril, je m'agenouille, baise la terre de la montagne et souhaite : « Rappelez-moi ; puissé-je vous revenir. »

Mon souhait sera exaucé. Les Himalayas m'ont depuis lors rappelée plusieurs fois.

Notre prochain camp est dans le voisinage d'une rivière, un affluent de la Rapti, m'a-t-on dit. Est-ce exact ? Je n'en réponds pas. Son lit, très large, est presque entièrement à sec et les indigènes y ont construit des paillottes temporaires.

Il y a pas mal d'animation sur ses bords, mais de ce genre d'animation particulier à l'Orient, dont on distingue mal le but, dont, surtout, on ne distingue guère le résultat.

La tradition veut que ce soit cette rivière que fit émerger du sol la flèche que le Bouddha, alors un jeune homme, décocha pendant un concours de tir à l'arc.

La rivière, à l'endroit où je la vois, se trouve passablement loin de Kapilavasthou ; sa source, située vers le nord dans les montagnes, en est encore beaucoup plus éloignée.

Comment peut-on indiquer comme l'endroit où la flèche s'est enfoncée dans le sol et en a fait jaillir l'eau le lit d'une rivière large d'au moins deux cents mètres ?

Un individu vêtu comme un babou à qui je propose mes objections me répond :

— La flèche aura frappé l'endroit où cette rivière a sa source, par conséquent, son eau est bien celle que la flèche a fait jaillir.

Bon ! le miracle devenait de plus en plus extravagant ; la flèche merveilleuse avait dû transpercer plusieurs montagnes en cours de route, avant d'atteindre le lieu où la source jaillit.

Mais il est puéril de discuter les légendes. On doit pouvoir savourer leur charme et ne leur demander aucune vraisemblance. Elles font partie d'un autre monde que celui dans lequel nous nous mouvons prosaïquement ; elles appartiennent au domaine du rêve et si nous ne les brutalisons pas, elles sont toutes prêtes à nous y donner accès.

Mais tandis que je m'abandonnais à des impressions poétiques, près de moi, les trois pèlerins tibétains s'inquiétaient. La vue des montagnes qui se dressaient tout contre nous avait troublé la paix de leur esprit. Ils savaient qu'en marchant au nord, à travers ces montagnes, on atteignait la frontière du Tibet.

Or, ils venaient précisément du Tibet et n'avaient nulle envie d'y retourner avant d'avoir accompli leur pèlerinage à Gyakar Dordji Dêng.

Où les avais-je conduits et où prétendais-je les emmener ? Ils confièrent leur secrète angoisse à Passang. Celui-ci s'empressa de les rassurer.

— La très révérende dame, leur dit-il, va à Varanasi[1]. Elle vient du Tibet et n'y retournera pas tout de suite. Soyez donc tranquilles ; dès que nous serons arrivés à une ligne de chemin de fer, elle vous mettra dans un train qui vous conduira à Gyakar Dordji-Dêng.

Cette assurance rendit la paix aux trois natifs du haut « Pays des neiges » et ils se résignèrent de nouveau à suivre passivement mes mouvements et à se laisser bien nourrir.

Tandis que, par l'effet de la réponse que Passang leur avait faite, l'esprit des trois pèlerins goûtait une agréable quiétude, le rapport qu'il me fit de sa réponse réveilla au contraire ma mélancolie. La « très révérende dame », ainsi qu'ils me nommaient pompeusement, allait, en effet, à Varanasi et elle aimait la ville sacrée de l'Inde ; elle aimait s'y asseoir au bord du

1. L'un des noms que les Indiens donnent à la ville que les étrangers appellent Bénarès et que les Tibétains ont adopté. Un autre nom de Bénarès est Kaci.

Gange, observant le grouillement des dévots, écoutant, à la nuit tombante, le déchaînement des conques, des cloches et des cymbales accompagnant, dans les multiples temples échelonnés sur la rive, la célébration du culte vespéral.

Toute jeune elle avait connu Bénarès (Varanasi) et depuis, elle y avait souvent séjourné ; mais, entretemps, elle était entrée au pays énigmatique des grandes solitudes tibétaines et lorsque Passang disait aux pèlerins : « Elle n'y retournera pas tout de suite », elle se demandait, une fois de plus, si elle y retournerait jamais.

Mon voyage était terminé, le lendemain j'atteindrais une petite gare d'où le train m'emmènerait dans l'Inde.

J'aurais pu, en me pressant, y arriver un jour plus tôt, mais il me plaisait de m'attarder. Les tentes furent donc dressées, pour la dernière fois, près d'un hameau infime, à la frontière du Népal.

Bien modeste, ce dernier camp : deux tentes seulement. J'avais renvoyé les éléphants et le nombreux personnel qui m'avait accompagnée. Seuls demeuraient le cuisinier et le sweeper qui m'avaient été procurés à mon arrivée au Népal. Tous deux étaient indiens et sans attaches au Népal. Le cuisinier désirait rester à mon service et quant à Krishna, le sweeper « intouchable », il allait partir, ainsi que je l'avais projeté pour lui, vers son nouveau et honorable destin de fidèle de l'islam. Naturellement, Passang, le Tibétain, demeurait avec moi.

Les trois hommes n'ayant rien à faire, passaient l'après-midi assis devant nos bagages empilés que les villageois transporteraient le lendemain à la gare, et je m'étais, de même, assise devant ma tente, récapitulant dans mon esprit les divers incidents de mon voyage.

Le soir venait lorsque, dans le silence profond qui

régnait sur la campagne, j'entendis les cris répétés de Râm ! Râm ! avec lesquels les Hindous emportent leurs morts vers le bûcher.

En guise d'adieu et de dernier souvenir, le Népal m'offrait le spectacle de funérailles.

J'attendis un moment, puis j'appelai Passang.

— Viens voir, lui dis-je.

Et tous deux nous nous dirigeâmes vers un bosquet d'arbres derrière lequel le petit groupe avait disparu.

Tout près de là, le bûcher était dressé sur une pièce de terrain inculte.

Nous nous tînmes à l'écart pour observer la cérémonie. Elle fut brève. Un homme — un brahmine, j'imagine — récita quelques phrases, un autre mit le feu à la pile de bois.

Les assistants, alors, s'assirent et l'on ne vit rien qu'un tas de bois flambant ; mais, peu à peu, comme les bûches qui entouraient le cadavre se consumaient, on distingua le corps noirci qui se recroquevillait, étendant ses membres puis les ramenant à lui, comme s'il gesticulait dans le brasier... Une détonation sèche, le crâne éclatait, la cervelle en découlait laiteuse... La brise ramenait vers nous l'odeur nauséabonde de la chair brûlée.

— Allons-nous-en, dis-je à Passang. Lui, comme moi, avions vu nombre d'incinérations, celle-ci n'offrait rien de particulier pour nous.

Je retournai m'asseoir devant ma tente en attendant mon repas.

Le rougeoiement du bûcher répandait une lueur sinistre sur la campagne environnante... Le chœur glapissant des chacals entonnait sa sérénade quotidienne.

C'était l'Inde.

Une frontière politique est chose tout arbitraire

qui n'affecte en rien l'aspect physique d'un pays et ne modifie guère le caractère de ses habitants.

Ce coin du Téraï népalais faisait dûment partie de l'Inde et, de par les Gourkhas qui y régnaient et y avaient introduit leurs dieux et leurs lois, le Népal s'était aussi incorporé à l'Inde.

Son indépendance jalousement gardée, en dépit de cette similitude, résistera-t-elle à la pression qu'exercera presque inévitablement, sur lui, un gouvernement indien libéré des restrictions que la tutelle étrangère pouvait imposer à ses ambitions ? Je me le demandais au début de ce livre. Je me le demande encore en évoquant le souvenir de ma dernière soirée au Népal.

Le lendemain matin une villageoise venant m'apporter du lait, je la questionnai au sujet de l'homme que j'avais vu incinérer la veille.

— Quel âge avait-il ?

— Un jeune homme ; vingt-deux ans.

— Qui était la femme qui accompagnait le corps ? Était-elle sa femme ?

— Non, sa mère. Sa femme est morte, aussi, il y a six mois. C'est un grand malheur pour les parents car ils n'avaient que ce seul fils, et maintenant, ils n'ont plus ni fils, ni bru pour travailler avec eux.

Je m'enhardis à poser la question :

— Si la femme du mort avait vécu, est-ce qu'elle se serait brûlée avec lui ?... Cela est défendu maintenant, n'est-ce pas ?...

La paysanne eut un vague sourire.

— Défendu... oui, dit-elle ; c'est défendu. Mais si la femme a des parents dévoués, ils peuvent l'aider.

Et sans attendre davantage, ne désirant vraisemblablement pas poursuivre la conversation à ce sujet, la villageoise ramassa la monnaie, prix du lait, que j'avais posée sur ma table et s'en alla.

Je restai un moment interdite, pas longtemps. Je

connaissais l'Inde. La sœur d'un de mes amis, un avocat, ne pouvant point s'étendre sur le bûcher de son mari, avait devancé l'incinération en versant le contenu d'un bidon de pétrole sur elle et en mettant le feu à ses vêtements.

Dans un village, une femme avait, volontairement, disait-on, été conduite au bûcher par des parents « dévoués ». La justice anglaise n'admettant pas ce genre de « dévouement » avait sévi contre la famille de la victime.

C'est là l'Inde terrible, l'Inde sinistre qui souvent nous masque l'autre Inde : l'Inde aux pensées secrètes qui se meuvent en des régions étrangères à l'Occident.

Je ne veux pas que les dernières pages de ce livre soient éclairées par la lueur lugubre d'un bûcher. Qu'il en émerge, plutôt, la lumière tranquille de la spiritualité hindoue.

Voici un autre fait : il y a à peine deux ans, le général en chef de l'armée népalaise, membre de la famille régnante, résigna son poste.

Un jour, il enleva sa coiffure ornée de pierreries, insigne de ses fonctions et la posa sur la tête de son neveu, le désignant ainsi comme son successeur. Puis, vêtu d'un simple habit de coton, coiffé d'un *pogheri* [1] de mousseline commune, il s'en alla, très simplement, pour vivre comme un ascète, dans la retraite.

Les influences occidentales ont quelque peu miné le sol sous l'Inde aux rites sinistres ; maintenant que les Indiens sont libres, puissent-ils ne pas déraciner, eux-mêmes, l'idéal millénaire de la suprématie des valeurs spirituelles qui existe encore parmi eux.

1. Un turban indien.

TABLE DES MATIÈRES

Petite Bibliothèque Payot / Voyageurs

Edward Abbey, Désert solitaire / **228**
Ioanna Andreesco, Où sont passés les vampires ? / **519**
John James Audubon, Journal du Missouri / **142**
Gérard Badou, L'énigme de la Vénus Hottentote / **446**
Nicolas Baïkov, Dans les collines de Mandchourie / **380**
Nicolas Baïkov, Des tigres et des hommes / **435**
Nigel Barley, Un anthropologue en déroute / **176**
Nigel Barley, Le retour de l'anthropologue / **267**
Nigel Barley, L'anthropologie n'est pas un sport dangereux / **365**
Nigel Barley, L'anthropologue mène l'enquête / **438**
Nigel Barley, Le dernier voyage du révérend / **507**
Jean-Michel Barrault, *Le Sacre* et *La Pensée* / **282**
Nicole-Lise Bernheim, Chambres d'ailleurs / **363**
Nicole-Lise Bernheim, Saisons japonaises / **424**
Isabella L. Bird, Une Anglaise au Far West / **485**
Évelyne Bloch-Dano, Flora Tristan / **588**
Alain Blottière, L'oasis / **210**
Jean-Claude Bourlès, Retours à Conques / **242**
Jean-Claude Bourlès, Le grand chemin de Compostelle / **341**
Jean-Claude Bourlès, Une Bretagne intérieure / **404**
Jean-Claude Bourlès, Passants de Compostelle / **406**
Jean-Claude Bourlès, Ma vie avec Sancho Pança / **557**
Nicolas Bouvier, Chronique japonaise / **53**
Nicolas Bouvier, L'usage du monde / **100**
Nicolas Bouvier, Journal d'Aran et d'autres lieux / **155**
Elizabeth Bowen, Sept hivers à Dublin / **556**
Rupert Brooke, Lettres d'Amérique / **433**
Bill Bryson, Motel Blues / **260**
Bill Bryson, American Rigolos / **467**
Bill Bryson, Nos voisins du dessous / **554**
Robert Byron, Route d'Oxiane / **137**
Pino Cacucci, Poussières mexicaines / **307**
René Cagnat, La rumeur des steppes / **408**
Bernadette Chovelon, George Sand et Venise / **488**
B. Chovelon / C. Abbadie, La Chartreuse de Valldemosa / **412**

Achevé d'imprimer sur rotative
par l'imprimerie Darantiere
à Dijon-Quetigny
en mars 2010

Dépôt légal : avril 2004
N° d'impression : 10-0446

Imprimé en France